PIERRE PERRENET

ESTIENNE TABOUROT

sa famille et son temps

DIJON

AVX ÉDITIONS DV RAISIN

M. CM. XXVI

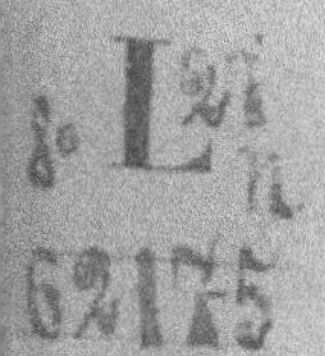

ESTIENNE

TABOUROT

PIERRE PERRENET

ESTIENNE TABOUROT

sa famille et son temps

DIJON

AVX ÉDITIONS DV RAISIN

M. CM. XXVI

ÆTA 35
1558
A TOVS ACCORDS

La municipalité dijonnaise a placé l'une de ses rues sous le parrainage d'Étienne Tabourot, des Accords, et beaucoup de passants se demandent, sans doute, quel est le mérite de ce personnage et où pouvait bien giter cette seigneurie bizarre que l'on chercherait en vain dans un dictionnaire topographique de la région. Parmi tous les membres de la famille Tabourot qui pendant trois siècles, du commencement du quinzième à la fin du dix-septième, a tenu une place remarquable dans la bonne bourgeoisie dijonnaise, et puisqu'on voulait lui rendre hommage, Étienne n'était peut-être pas celui dont on se serait attendu à voir figurer le nom à l'angle d'une de nos rues. Peu estimé comme homme par ses contemporains, bien que fort connu comme érudit même en dehors de Dijon, il est resté cependant pour les générations actuelles avec cette renommée de convention d'avoir été un joyeux gausseur, un homme d'esprit, un littérateur bien bourguignon, grâce surtout à ce fait que ses œuvres, introuvables ailleurs que chez les bouquinistes, sont inconnues du public. Nous verrons ce qu'il faut en penser; mais je tiens à dire dès maintenant que si le sentiment de la justice et de la gratitude était monnaie courante, on aurait dû lui préférer son fils Guillaume qui, lui, fut réellement l'homme important de la famille et un véritable bienfaiteur de Dijon. C'est en effet, à Guillaume Tabourot, habile amateur d'architecture, que la ville doit en grande partie l'aspect que nous lui connaissons.

Étienne Tabourot naquit à Dijon en 1549 (1), il y mourut en 1590, à quarante et un ans, procureur du Roi au bailliage. Il avait vécu pendant une des périodes les plus troublées de notre histoire, mais aussi les plus fécondes en germes d'avenir. Si son activité intellectuelle pendant la courte période de son existence est intéressante en elle-même, elle ne prend toute sa signification que lorsqu'on

(1) Étienne Tabourot est-il né en 1549 ou en 1547 ? M. Abel Jeandet qui a étudié cette question (*Fragments des Annales de la Ville de Verdun sur le Doubs*. Dijon, Darantiere, 1893. Appendice, p. 461) se décide pour la date de 1549, adoptée généralement. Il s'appuie d'une part sur un manuscrit du XVIIe siècle lui appartenant, manuscrit donnant la généalogie de la famille Tabourot, écrite évidemment par un membre de la famille et qui place en 1548 le mariage des parents d'Étienne ; d'autre part sur la mention inscrite en tête du portrait d'Étienne que renferment ses œuvres, où on lit : *aetate 35 — 1584;* ce qui le fait bien naître en 1549 et mourir à 41 ans. — Le doute provient de ce que l'inscription gravée sur le monument funéraire élevé à Saint-Bénigne de Dijon par les soins de la veuve et des enfants d'Étienne indique qu'il est mort en 1590, à 43 ans ce qui reporterait sa naissance à 1547. Mais M. Abel Jeandet observe que ce monument n'a été élevé qu'en 1605 et que l'ouvrier qui a gravé l'inscription a dû faire une erreur et mettre 43 ans au lieu de 41 ans.

envisage la place qu'elle occupe dans cette longue lignée familiale des Tabourot, où les travaux de l'esprit ont toujours été en honneur.

I

Bien que le nom de Tabourot soit assez commun dans la partie septentrionale de la Bourgogne, les généalogistes assurent que la famille qui fait l'objet de la présente étude serait originaire du Jura. On dit la même chose d'autres familles dijonnaises : les Frémyot, par exemple, ancêtres de sainte Jeanne de Chantal et de madame de Sévigné, ou les Mochot d'où sortit la mère de Bossuet. De tout temps, les habitants des montagnes ont émigré vers des régions plus hospitalières. A des jurassiens la plaine de la Saône offrait un climat moins âpre et des ressources alimentaires plus abondantes. Au moment où se place cette immigration, au commencement du XVe siècle, les ducs de Bourgogne organisaient d'une façon méthodique une administration complète de leurs territoires et recrutaient dans la bourgeoisie de leurs villes un nombreux personnel de fonctionnaires, personnel instruit, car il n'y avait de petit centre qui n'eut ses écoles, et habitué aux affaires grâce à un long atavisme de négoce.

Les nouveaux venus (qui n'étaient pas des étrangers, mais des sujets ducaux) étaient tous assurés de trouver des emplois. N'ayant pas encore d'attaches dans la région même où l'Administration les plaçait, ils servaient avec plus d'indépendance, et peut-être, habitués à une vie dure, se contentaient-ils de salaires modérés. Il est d'autre part certain que les ducs Valois, souverains de pays disparates, poursuivaient une politique d'assimilation dans la mesure où le leur permettait le développement de leur propre administration, pour contrebalancer le particularisme des pouvoirs locaux qui la plupart du temps échappaient à leur autorité.

En fait, Jean Tabourot, fils d'Antoine, originaire de Saint-Claude, et de Alix Morisot (1), occupa à l'époque de Philippe le Bon un modeste emploi dans les services financiers. Il est receveur des *Aides*, c'est à dire qu'il collabore à la perception des secours pécuniaires que la Bourgogne devait à son suzerain, lorsque les États en avaient consenti l'imposition (2). Il épousa Isabeau Jencourt et eut un fils, un autre Jean qui figure parmi les secrétaires ou les employés du secrétariat du duc Charles, lorqu'il n'était que comte du Charolais et ne s'appelait pas encore le Téméraire. Sa femme se nomme Marguerite Rémond. Il meurt au mois d'avril 1497 contrôleur des ouvrages de fortification de la province. Ce second Jean a déjà commencé l'ascension sociale de la famille ; avec son fils Pierre elle se précipite.

Beaucoup d'autres familles bourguignonnes sont alors dans le même cas. C'est qu'il s'est passé en Bourgogne, en ces dernières années du quinzième siècle, un événement

(1) Les renseignements généalogiques sur la famille Tabourot sont précisés, dans deux brochures de M. Marcel Mayer : *Les Tabourot architectes* (Dijon, 1907) et *Les Tabourot écrivains* (Dijon, 1908).

(2) Paul Riandey, *L'organisation financière de la Bourgogne sous Philippe-le-Hardi* (Dijon, Nourry, 1908, p. 61).

social de première importance, généralement négligé par les historiens, et qui semble cependant mériter une sérieuse attention.

Lorsque mourut tragiquement à Nancy, Charles-le-Téméraire, le roi Louis XI que les scrupules d'honnêteté ne gênaient pas (mais il est difficile d'être un habile politique avec un pareil bagage), sous prétexte de sauvegarder le patrimoine de sa nièce et filleule la duchesse Marie, envoya aussitôt une armée en Bourgogne s'emparer des principales villes et spécialement de Dijon capitale et clé du duché. On dit habituellement, résumant en quelques mots la situation : la Bourgogne se donna à la France, ou plutôt reprit sa place dans l'unité française. Les choses ne se passèrent pas avec autant de simplicité (1). Les Bourguignons surpris ne surent d'abord que faire. Ils n'avaient encore aucune nouvelle du duc Charles ; ils étaient également sans nouvelles de sa fille — Marie de Bourgogne — en ce moment prisonnière de sa bonne ville de Gand révoltée, et d'ailleurs sans argent et sans troupes. Louis XI qui tenait à réussir, coûte que coûte, promit tout ce qu'on voulut : libertés provinciales, libertés communales, pensions, emplois ; il distribua l'or à pleines mains. Les Bourguignons se montrèrent alors profondément divisés. Les uns, les plus nombreux, étaient las des demandes de

(1) Rossignol. *Conquête de la Bourgogne.* Dijon, Lamarche, 1853. Cet ouvrage de M. Cl. Rossignol qui relate les incidents de la réunion du duché de Bourgogne au royaume de France est d'une rédaction assez confuse. L'auteur soutient la cause du parti ducal contre le parti français.

subsides du duc Charles, et de ses appels d'hommes sous les armes, que dans les derniers temps les États et les Communes n'avaient accordés qu'en rechignant. La province était épuisée à tous égards et mécontente. Ceux-ci, non seulement acceptèrent avec empressement le nouveau régime, mais ils virent immédiatement tout ce qu'ils avaient à y gagner et n'hésitèrent pas à marchander leur adhésion. Donnant donnant, ils devinrent les plus zélés protagonistes du parti français. Les autres, plus fidèles par sentiment à la maison ducale ou trop compromis dans les démêlés entre Louis XI et Charles-le-Téméraire, gens d'ailleurs de tous états, depuis les Vergy et les Chalon-Orange jusqu'au menu peuple du faubourg Saint-Nicolas de Dijon conduit par un étrange risque-tout nommé Chrétiennot Yvon, ou émigrèrent ou se révoltèrent. Ce fut pendant près d'un an une guerre civile qui se termina par la victoire des royalistes et aussi par des confiscations et des mises à l'encan des biens des émigrés ou des condamnés. Il y eut un bouleversement social analogue à ce qui se passa sous la Révolution avec la liquidation des biens nationaux. Des familles jusque-là riches et, comme on dira plus tard, *en place*, ou disparurent ou tombèrent dans la misère et descendirent plusieurs degrés de l'échelle sociale.

Au point de vue politique, l'événement aboutit à un compromis qui domine toute l'histoire de la Bourgogne pendant les trois siècles suivants. Grâce aux concessions arrachées à Louis XI, concessions que ses successeurs et surtout les Bourbons s'efforcèrent d'annihiler, la Bourgogne, apanage détaché jadis du domaine de la couronne, ne redevint pas une nouvelle partie de ce domaine, mais restant dans son individualité, constitua désormais, sous la suzeraineté du roi, une sorte de république annexée au royaume, avec ses institutions juridiques et financières propres, et dans cette république, les villes devinrent autant de petites républiques confédérées à côté de la noblesse et du clergé. Il faut connaître cette situation pour bien comprendre la politique royale des dix-septième et dix-huitième siècles et les vicissitudes de la résistance de la Bourgogne aux efforts de la monarchie vers l'unité de la nation qui, par un singulier paradoxe, ne furent couronnés de succès que par la chute même de la royauté.

Au point de vue social, la bourgeoisie prit dès lors une prépondérance énorme, acquérant les terres de la noblesse ruinée, accaparant tous les emplois nouveaux. Les États de Bourgogne avaient besoin de nombreux fonctionnaires pour leur administration fiscale ; le Parlement souverain, institué par Louis XI à Dijon en 1480, la Cour des comptes, bureau de contrôle créé depuis longtemps déjà par Philippe-le-Hardi, mais qui commençait un développement continu, d'autres organismes judiciaires d'ordre inférieur, offraient autant de débouchés pour les activités et les ambitions de bourgeois très préparés à se laisser séduire par ce fonctionnarisme qui allait prendre une si formidable extension au cours du XVIe siècle. La royauté qui l'avait créé pour son service devait, un jour, par sa faute n'y trouver qu'un sérieux embarras. Les Tabourot furent de ceux qui profitèrent de ce nouvel état de choses. Suivons l'ascension sociale de Pierre.

Au début de sa carrière, Pierre Tabourot est *grenetier au*

grenier à sel de Saulx-le-Duc (1). C'est une situation assez médiocre qui s'améliore lorsqu'il est nommé *Clerc auditeur à la Chambre des comptes*, le 22 mars 1500. Peu après, il se marie. Il épouse *Didière Pignard*, d'une famille langroise qui tient un certain rang dans la robe et dans l'Église. Son beau-père Pierre Pignard possède la seigneurie de Gurgy-la-Ville (2). Ce mariage oriente les Tabourot du côté de la vieille cité de Langres, capitale religieuse de la région ; ils y trouveront plus tard de nouvelles alliances et des canonicats dans le riche chapitre de la Cathédrale. Puis le 9 mai 1512, Pierre Tabourot achète de Sébastien de Parissant et d'Anne de Créqueby, sa femme, demeurant à Champgnyon-en-Brie, pour le prix de 1100 livres tournois, une partie de la seigneurie de Véronnes-les-Grandes (3), comprenant des maisons, des vergers, des prés, un moulin et divers droits utiles. Le voici donc entré dans l'aristocratie foncière. Au mois de janvier 1529, il est nommé *contrôleur à la Chancellerie de Bourgogne;* entre temps, il avait été échevin de sa ville natale. Le 24 juin 1532, il est élu *Vicomte maïeur ;* mais sa magistrature ne dure qu'un an. Son élection avait été un succès du parti d'opposition ; elle avait été vivement combattue par le lieutenant-général de Beaumont-Brissac qui soutenait Jean Morin, le candidat officiel. La pression fut assez forte, l'année suivante, pour faire triompher celui-ci.

(1) Canton d'Is-sur-Tille, Côte-d'Or.

(2) Canton de Recey-sur-Ource, Côte-d'Or.

(3) Canton de Selongey, Côte-d'Or. Camille Pitollet. *Notes sur Véronnes-les-Grandes et les Petites.* Dijon, Mettray et Dugrivel, 1923, p. 16.

Être élu *Vicomte maïeur* de la ville de Dijon, c'était être investi soudain d'une autorité et d'un pouvoir extraordinaires. Dans cette petite république où les élections se font tantôt au suffrage universel, tantôt au suffrage censitaire, selon les époques (1), le peuple chaque année se donne un maître et abdique toute puissance entre ses mains. La Charte d'établissement de la commune octroyée par le duc Hugues III en 1183 et 1187, tout en confirmant un état de choses sur lequel nous n'avons que des renseignements incertains, le développait singulièrement. La Commune devint une personne féodale dont l'indépendance s'accrut par l'achat de la vicomté de Dijon, en 1282, sous le duc de Robert II. Le maire, devenu vicomte-maïeur, incarne pendant sa magistrature annuelle tous les droits d'un seigneur féodal. Élu directement par les membres de la Commune, il s'intitule fièrement *major Deo volente*. Il est chef d'armes, commande la milice, c'est-à-dire les sept compagnies des sept paroisses de la ville ; il a la haute justice : il est maître de la police et des finances ; il nomme lui-même ses échevins et tous les officiers ou fonctionnaires de la ville ; il a une garde spéciale ; il s'entoure d'un cérémonial imposant et revêt dans l'exercice de sa charge un costume d'apparat. Une miniature conservée à la Bibliothèque de Dijon représente, en 1415, le vicomte maïeur Guy Poissonnier : il porte une robe bleue recouverte d'un vaste manteau ou dalmatique rouge, garni d'hermine. Plus tard, le prince de Condé écrira au Roi : « le maire de Dijon

(1) Garnier et Champeaux, *Introduction aux Chartes de communes et affranchissements en Bourgogne*. Dijon, 1918, in-4°.

a toute cognoissance de vie et de mort sur sa ville ; et n'est pas le Pays comme le reste de la France, où toute la juridiction est en la main des Prévosts et Juges par vous commis ; mais ce sont la Jurisdiction et la Police en la jouissance du peuple, qui commet annuellement celuy que bon luy semble pour les exercer (1) ».

M. Gaston Roupnel (2), étudiant le régime municipal de Dijon au seizième siècle, constate qu'alors le mode d'élection était le suffrage universel et *obligatoire* ; et, le maire nouvellement élu choisissant six échevins parmi les échevins sortant de charge et ces six échevins nommant les quatorze nouveaux nécessaires pour compléter le Conseil, M. Roupnel peut qualifier cette organisation de *démocratie urbaine avec une oligarchie de notables.*

Il faut ajouter pour donner une idée complète de l'institution, que la municipalité dijonnaise ne connaissait en rien ce que nous appelons la tutelle administrative. Le maire, tout puissant, ne répondait de sa gestion qu'à ses électeurs. Au point de vue politique, il était dans la situation d'un vassal vis-à-vis du Roi son suzerain ; au point de vue judiciaire, il était un juge au premier degré dont les décisions allaient en appel devant le Parlement.

Pierre Tabourot, porté à la Mairie, est donc le premier parmi ses concitoyens, et par le fait place sa famille dans la bonne bourgeoisie de la ville. Si les suffrages se sont

(1) *Mémoires de Condé*, T. IV, p. 403. (Londres-Paris, 1743, 6 volumes in-4°), cité par *Ed. Belle, La Réforme à Dijon*, p. LXX.

(2) Gaston Roupnel, *La Ville et la Campagne au XVIIe siècle, Étude sur les populations du pays dijonnais.* (Paris, Leroux, 1922), p. 155.

arrêtés sur son nom, en dépit de la pression officielle, c'est sans doute à cause de l'aménité de son caractère et de sa réputation d'excellent administrateur ; mais il n'est pas que cela. Il est aussi un artiste et un lettré. On lui doit une *Relation du siège mis devant Dijon par les Suisses en l'année 1513* (1), qui est pour nous un précieux témoignage contemporain d'un événement qui a laissé de si profonds souvenirs à Dijon. La situation qu'il occupait déjà à cette époque lui valut d'être désigné comme un des deux délégués de la paroisse Saint-Médard chargés de quêter pour réunir les 25 000 livres qu'il fallut demander à tous les Dijonnais aisés dans la matinée du 13 septembre. Les Suisses ne consentaient à partir que munis de ce viatique.

Environ la même année, lorsque sur les ordres de Louis XII on commença à construire pour le Parlement un Palais de Justice, ce fut Pierre Tabourot que l'on chargea — peut-être de fournir les dessins — en tout cas de surveiller la construction de la Grande Chambre, ou *Chambre dorée*, qui existe encore ; c'est aujourd'hui la salle d'audience de la Première Chambre de la Cour d'appel. Le vieil érudit Palliot, dans son *Histoire du parlement de Bourgogne* (1649) la qualifiait de « plus belle de France par son lambris, ornée des armes du Roi, de celles d'Anne de Bretagne, sa femme, et du porc-épic qui était sa devise ». Dans l'une des verrières, œuvre probable du dijonnais Jean Dorrain, se voyait un tambour, arme parlante de Pierre Tabourot,

(1) Bibl. de Dijon, fonds Baudot, ms. n° 219. Abbé Jules Thomas, *La délivrance de Dijon en 1513* (Dijon, 1898) ; Marcel Mayer, *Les Tabourot écrivains* (Dijon, 1903).

car jouant sur les mots il avait placé trois tambours dans ses armoiries avec la devise *A tous accords*, puisque les tambours peuvent s'accorder avec tous les instruments, comme les Tabourot avaient la prétention d'accorder leur heureux caractère avec ceux de tous leurs compatriotes (1).

Pierre Tabourot habitait alors (on l'y trouve dès 1500) une maison sur la paroisse Saint-Médard qui occupait le n° 2 de la rue Philippe-Pot actuelle. Il était le bon voisin des Frémyot dont l'hôtel comprenait un vaste pourpris que représentent les n° 3, 5, 7 et 9 de la *rue* du Palais (2). Les Tabourot conservèrent cette maison au moins pendant tout le seizième siècle. C'est là que Pierre Tabourot et Didière Pignard mirent au monde cette nombreuse famille dont nous allons suivre les destinées.

Pierre Tabourot eut sept enfants : quatre fils et trois filles. Les filles se marièrent dans la haute bourgeoisie de Dijon et de Langres. *Philiberte* épousa Jean de Cirey, auditeur à la Chambre des comptes, d'une ancienne famille dijonnaise qui a fourni un abbé de Cîteaux en 1476 et plusieurs conseillers au Parlement (3). Un de ses membres, anobli

(1) Marcel Mayer, *Les Tabourot architectes* (Dijon, 1907).

(2) Étienne Picard, *La Maison natale de sainte Jeanne de Chantal* (Mémoires de la Commission des Antiquités de la Côte-d'Or. T. XVII, p. clix.) — Pierre Perrenet, *La Maison natale de Jeanne Françoise Frémyot, baronne de Chantal* (Revue de Bourgogne, 1916-1917, p. 65).

(3) Jules d'Arbaumont, *Armorial de la Chambre des comptes* (Dijon, 1881, pp. 328 et 330). — Clément-Janin, *Les imprimeurs et les libraires dans la Côte-d'Or* (Dijon, Darantiere, 1883). — Eugène Fyot, *La Maison de Cirey* (Mémoires de la Commission des Antiquités de la Côte-d'Or, 1923, p. 144).

en 1509, fut élu treize fois vicomte maïeur de Dijon. *Catherine* épousa en avril 1518 Gilles Petit, de Langres, seigneur de la Marnotte, bailli de l'évêque et duc. Son père, Simon Petit, avait été maître d'hôtel de Charles VIII ; sa mère se nommait Claire de Chissey. L'origine de la famille remontait fort loin (1). *Guillemette* épousa Jean Desbarres, seigneur de Massingy et d'Ampilly-le-Sec, qualifié d'écuyer. Ils eurent cinq enfants, dont Jean qui devint chanoine de Langres, et Bernard — le seul qui ait laissé une postérité — vicomte maïeur de Dijon en 1574, et en 1575 conseiller au Parlement. Les Desbarres ont tenu une grande place dans l'aristocratie bourguignonne jusqu'à la fin du dix-huitième siècle.

Les quatre fils de Pierre Tabourot furent Guy, Jacques, Jean et Guillaume. *Guy* succéda à son père en 1526 à la Chambre des comptes et dans sa seigneurie de Véronnes. C'était un homme fort instruit, un érudit à la recherche de tous les souvenirs historiques du pays. Pierre Saint-Julien de Balleure raconte dans son livre *De l'origine des Bourgongnons* (pp. 18 et 19) qu'il le rencontra un jour à Is-sur-Tille où les avait attirés l'un et l'autre quelque affaire. Entre ces deux curieux des choses du passé la conversation porta sur les découvertes archéologiques que le hasard avait permis de faire à proximité d'Is-sur-Tille et de

(1) A. Lacordaire, *Anselme Petit, écrivain langrois* (Bulletin de la Société historique et archéologique de Langres, T. II, p. 418). — Charles Royer, *Registre de la confrérie de Saint-Didier, établie à Langres* (Bulletin de la Société historique et archéologique de Langres, T. I, p. 288).

(2) Jules d'Arbaumont, *Id.*, p. 169.

Véronnes, un peu avant d'arriver au village de Lux lorsqu'on a quitté Til-Châtel. Quelques jours plus tard à Dijon, sur la place du Palais, Guillaume Tabourot confirma à Saint-Julien de Balleure les dires de son frère, ajoutant de nouveaux détails des plus intéressants, entre autres que le lieu où avait été exhumés des objets et des ruines — à vrai dire de l'époque gallo-romaine — se nommait le val d'Ogne ou d'Ongne. Il n'en fallut pas plus à Saint-Julien de Balleure pour enflammer son imagination, et c'est sur les théories hasardeuses des deux frères qu'il construisit son bizarre système qui fait partir les Bourguignons du canton d'Is-sur-Tille pour revenir conquérir la province de Bourgogne après de longues et obscures aventures dans les forêts germaniques. Mais, en tout cela, ce qui est particulièrement flatteur pour Guy Tabourot, c'est que Saint-Julien de Balleure le dit « issu d'une race d'hommes autant ingénieux et de bon esprit qu'il n'y en ait point en tout le pays ». Une des filles de Guy (il eut six enfants) épousa son voisin André Frémyot, conseiller au Parlement, le propre oncle de sainte Jeanne de Chantal. Sa postérité s'éteignit, au commencement du dix-huitième siècle en la personne de Prudent Tabourot (1), seigneur de Véronnes, écuyer, lieutenant au régiment de Navarre, dont la veuve Françoise Berthon, épousera en secondes noces en 1709 Joseph Durand, avocat général au Parlement (2).

Des trois autres fils de Pierre Tabourot, *Jacques*, bachelier en droit canon, obtint en 1525 un canonicat à Langres

(1) Camille Pitollet, *Op. cit.*
(2) Sadi Carnot, *Durand d'Aubigny* (1709-1776). Beaune, 1919.

qu'il résigna en 1554 ; *Jean* fut également chanoine de Langres ; *Guillaume* fut le père d'Étienne.

Nous devons nous arrêter un instant sur ces deux derniers.

Jean Tabourot, né à Dijon le 17 mars 1520, homme important dans le Chapitre lingon où il entra en 1542 grâce à la résignation d'une prébende en sa faveur par son oncle Jean Pignard, parvenu peu à peu, après avoir occupé divers postes dans le clergé paroissial, aux plus hautes fonctions du diocèse, trésorier du Chapitre, puis official et enfin Vicaire général, membre de la pieuse et très fermée confrérie de Saint-Didier (1), fut certainement le chanoine le plus original qu'on puisse imaginer. Il avait une culture profonde qu'il avait acquise à Paris et à Poitiers, versé aussi bien dans les sciences juridiques et théologiques que dans les Belles-Lettres et les Arts profanes. C'était bien un de ces humanistes de la Renaissance, à l'esprit curieux, sachant allier à la gravité ecclésiastique la fantaisie la plus vive, sans déroger pour autant à l'honorabilité canoniale. Comme juriste, nous le voyons figurer le 3 novembre 1555, à Sens, dans l'assemblée qui délibère pour la rédaction des Coutumes du bailliage de Sens dont Langres dépendait alors. Les « Doiens, Chanoines et Chapitre dudict Lengres » y sont représentés par *Vénérable et discrète personne maistre Jean Tabourot, licencié ès droicts,*

(1) En 1577 « noble et scientifique personne messire Jehan Tabourot, Chanoine et official de Langres ». CHARLES ROYER, *Registre de la Confrérie de Saint-Didier établie à Langres* (Bulletin de la Société Historique et Archéologique de Langres, T. I, p. 288).

chanoine (1). Le procès-verbal des réunions relate les observations qu'il fit sur l'article 5 de la coutume relatif aux droits des gens d'Église sur les terres d'un seigneur haut-justicier ; l'article 17 qui a trait à la justice foncière était contesté par les habitants de Langres, mais Jean Tabourot, au nom du Chapitre, conteste à son tour le bien fondé de leurs réclamations. Les intérêts de l'Église de Langres furent sérieusement défendus.

Mais Jean Tabourot n'était pas seulement juriste; il taquinait la Muse et son neveu Étienne, dans ses *Bigarrures*, nous a laissé une amusante production de la verve de son oncle pour lequel il manifeste une admiration évidente.

LA PREUDHOMIE DES LABOUREURS

Autresfois on nommait laboureurs bonnes gens
Maintenant, ils sont fiers, félons et réfractaires,
A plaider, refuser, parjurer, diligens,
Quand le seigneur leur dit pour ses droits nécessaires :

Da.

Puis après quand ils ont, à tort et sans raison,
Fait despendre au seigneur cent escus à plaider,
En luy portant six œufs, ou un meschant oison,
Faisans les marmileux, ils viennent demander

Pacem.

Si le curé demande un double à la Toussaincts,
En se mocquant de luy, par argument subtil,

(1) *Coustumes du Bailliage de Sens et anciens ressorts d'iceluy.* (Sens, de l'imprimerie de Gilles Richeboys, MDLVI).

Sur l'édict d'Orléans feront nouveaux dessins,
Et luy diront tout haut : Comment vous en faut-il,

Domine ?

Si le pauvre seigneur pour payer sa rançon
Veut s'ayder de son bois, on luy empeschera
Criant : Nous y avons notre usage et paisson ;
Qu'il se recouvre ailleurs, point il n'y touchera

In diebus nostris.

Ils n'ont que trop d'argent pour juge et procureurs,
Pour boire et pour jouer ; mais si un marchand croit
Du drap ou de l'argent à ces bons laboureurs ;
Ils n'ont qu'un plot de bois, le marchand perd son droit

Quia non est.

Accusez hardiment le larron de vos fruicts :
Pour en faire rapport le messier soit tout prest,
Vous perdrez votre cause, ils sont si bien instruicts
A estre faux témoings, qu'on trouvera que c'est

Alius.

Ils font pauvre un seigneur luy refusant ses droits,
Luy desrobant son bien ; sont-ils donc esbahis
Quand ils ont l'ennemy sur eux de tous endroits :
Sans armes ni chevaux, s'il n'y a au pays

Qui pugnet.

S'ils cueillent du bon grain en nos terres qu'ils tiennent,
Ils en font de l'argent ou c'est pour leur amas ;
Si l'œil ou si la mouche, ou le cabloc y viennent
Quand le sergent ira, ce sera tout le cas,

Pro nobis.

Tels larrons et voleurs la guerre mord et poing
Les voleurs sont sur eux par la permission
O Seigneur ! et voyons qu'il n'y a autre point
Qui recherche de près cette punition.

Nisi tu.

Remets ces laboureurs, ô très sainte lumière,
En la simplicité d'estat obéissant ;
Fais reformer leur cœur en leur bonté première
Et en suivre tes lois, car tu es tout puissant.

Deus.

Ils verront tout soudain la fureur réfrénée
Aussitôt qu'ils viendront à vivre justement ;
Et embrassant le fruict que ta loy désirée
Produit, le fruict de paix sera conséquemment

Noster.

Si l'official épanchait sa bile en vers satiriques, malheureusement médiocres bien qu'ingénieux, contre les mauvais laboureurs qui négligeaient de payer leurs redevances, il aimait consacrer sa science à l'utilité des bons paysans soucieux de leur « mesnage des champs ». Pour eux il écrivit le *Calendrier des Bergers* (1) sous l'anagramme de Thoinot Arbeau, et lorsque la réforme du calendrier que le pape Grégoire XIII fit en 1581 fut parvenue jusqu'à Langres, il reprit son ouvrage pour le compléter et le mettre à la mode du jour : *Le Compost et Manuel Kalendrier par lequel toutes personnes peuvent facilement apprendre et sçavoir le cours du soleil et de la lune et semblablement les festes fixes et mobiles que l'on doit conserver en l'Église, suyvant la correction ordonnée par notre Saint Père Grégoire XIII* (2). Mais l'œuvre la plus curieuse et aussi la plus inattendue de Jean Tabourot est l'*Orchésographie et traicté en*

(1) A Langres, chez Jean Despreys, 1582.

(2) Une première édition à Langres, chez Jean Despreys, en 1582. Une seconde édition à Paris, chez Richer, en 1588.

forme de dialogue, par lequel toutes personnes peuvent apprendre et praticquer l'honneste exercice des dances (1) La nature des fonctions du chanoine, comme le fait remarquer M. Marcel Mayer (2), autant que l'âge respectable qu'il commençait à avoir, sont bien faits pour exciter notre surprise. « Du reste, continue M. Mayer, il reconnait lui-même, dès les premières pages, qu'il lui est *malséant de traicter et praticquer telle matière*, ce qu'en somme on ne pourrait lui reprocher aujourd'hui, si l'on considère tout l'intérêt archéologique que renferme ce précieux petit livre. De nombreuses danses du XVIe siècle y sont, en effet, décrites avec la plus grande précision, et la *tabulature* qui servait à leur exécution s'y trouve soigneusement notée. Des vignettes donnant la position des danseurs agrémentent le texte et le rendent plus intelligible encore. Peut-être même le croquis en a-t-il été donné au graveur par Jean qui, nous le savons, était un dessinateur habile. »

Comme tous les membres de sa famille il avait le goût des arts et s'intéressait à l'architecture. C'est à lui que l'on doit la réfection en 1563 des clochers, aujourd'hui disparus, de la Cathédrale Saint-Mammès de Langres, qu'un incendie provoqué par la foudre avait détruits en 1562(3). Sur les quatre clochers démolis deux seulement furent reconstruits, l'un sur le portail entre les tours, l'autre au dessus

(1) A Langres, chez Jean Despreyz, 1589.

(2) Marcel Mayer, *Les Tabourot écrivains*, p. 18.

(3) Daguin et Godard, *La cathédrale Saint-Mammes de Langres* (Mémoires de la Société historique et archéologique de Langres T. I, p. 67.)

du chœur à la réunion du transept. Ils le furent sur les dessins de Jean Tabourot qui fut le maître de l'œuvre et présida à l'exécution des travaux.

Jean Tabourot mourut le 29 juillet 1595 dans sa soixante-seizième année. Il fut inhumé dans cette cathédrale qu'il avait contribué à embellir et dont il avait honoré le Chapitre par ses vertus religieuses et son *honnêteté* d'homme du monde.

Le dernier des quatre fils de Pierre Tabourot dont nous ayons à nous occuper *Guillaume* naquit en février 1515. Il passe pour avoir été fort érudit, comme ses frères, mais rien n'est resté de ses écrits, s'il a écrit. Pourvu de la seigneurie de Saint-Apollinaire, aux portes de Dijon, il est le chef de la branche des Tabourot de Saint-Apollinaire qui s'éteignit à la fin du dix-septième siècle. Il se qualifiait d'écuyer et de conseiller du Roi ; avocat au Parlement, il fut nommé le 3 décembre 1544 maître extraordinaire à la Chambre des comptes, puis en 1553 bailli de Charnay-sur-Saône. C'est là que vinrent le chercher Laurent de Cenamy et Jehan de Collodio pour lui confier la charge de bailli de leur baronnie de Verdun-sur-le-Doubs (1) qui comprenait outre la ville de Verdun et sa banlieue les prévôtés de Verjux, Sermesse et Damerey et dont relevaient les appels des justices seigneuriales de Saint-Bonnet, de la Cosne, de la Barre de Bragny, et des Cadots. Comme avocat, il était consulté par les Chartreux de Champmol, plaidait leurs causes et leur donnait des avis juridiques dans les

(1) Abel Jeandet, *Fragments des Annales de la ville de Verdun-sur-le-Doubs* (Dijon, Darantiere, 1893, ch. xvii, p. 443.)

nombreuses affaires contentieuses que ne manquait pas d'avoir le célèbre couvent comme tout propriétaire qui a des voisins et des locataires. Les comptes des Chartreux pour l'année 1555 (1) nous donnent son nom à plusieurs reprises. Pour chaque consultation, il reçoit régulièrement onze sols quatre deniers, c'est à dire un *teston* (2), ce qui équivaut à notre pièce *d'argent* de deux francs, avec un pouvoir d'achat évidemment beaucoup plus considérable. D'après le cours des denrées de cette époque (3) avec un teston on pouvait acheter trente kilogrammes de blé. Cela représentait cinq fois le salaire que l'on donnait à un manouvrier pour sa journée de travail, ce qui porterait aujourd'hui les honoraires de notre avocat à la somme de cent francs.

Guillaume mourut le 24 juillet 1561, à l'âge de 46 ans, laissant de son mariage (en 1548) avec Bernarde Thierry — un nom que l'on trouve à Langres — quatre enfants dont l'aîné fut *Étienne*, l'auteur des Bigarrures et des Écraignes ; le second *Théodecte* mourut chanoine de Langres ; une fille *Didière* épousa Bernard Cousin, avocat à Dijon, très mêlé à la politique locale si mouvementée de cette fin du seizième siècle ; une autre fille *Guillemette* épousa Antoine de Lauxerrois, sieur de Chambelin.

Laissons Étienne pour l'instant. Nous le retrouverons plus loin dans son milieu et dans son activité littéraire, et passons à son fils *Guillaume II*, né de son mariage avec

(1) Cyprien Monget. *La Chartreuse de Dijon.* T. III, p. 376.
(2) Blanchet et Dieudonné. *Manuel de Numismatique française.*
(3) Cyprien Monget. Ibid. p. 419.

Gabrielle Chiquot de Monpasté, qui a joué un trop grand rôle à Dijon, bien qu'oublié, pour qu'il ne retienne par notre attention. C'est à M. Marcel Mayer, grâce à une heureuse découverte de M. Charles Oursel, le savant bibliothécaire de la ville de Dijon, que l'on doit de bien connaître Guillaume II Tabourot.

Il était né à Dijon en 1573. Sa naissance avait paru aux contemporains quelque peu prématurée (1). Lorsque son père mourut en 1590, il put malgré son âge lui succéder, le 25 février 1591, dans sa charge de procureur du Roy au Bailliage et chancellerie de Dijon. Mais il n'avait pas seulement hérité de l'office de son père ; il avait trouvé aussi son esprit caustique dans sa succession. Au moins c'était ce que pensait l'opinion publique, et, comme on ne prête qu'aux riches, on lui attribua un pasquin qui courait dans la ville « fort injurieux pour les meilleures familles ». Cependant, si le fait est vrai, ce ne fut qu'un péché de jeunesse, et Guillaume ne nous apparaît plus tard que fort sérieux et jouissant de l'estime universelle. Son éducation, d'ailleurs, avait été très soignée, et dès l'enfance il avait donné des signes de la plus vive intelligence. Son grand oncle, le chanoine Jean Tabourot, le prit près de lui à Langres pour veiller à sa première instruction. C'était un enfant précoce qu'à l'âge de dix ans on put envoyer à Paris, puis à Orléans, pour y faire des études juridiques. Son père, qui malgré son affectation de grossièreté et de

(1) *Journal de Gabriel Breunot*, édité par Joseph Garnier (Dijon, Rabutôt 1866), T. II, p. 125.

libertinage était au fond un brave homme, lui donnait dans son livre *Les Touches* d'excellents conseils, en quatrains :

Pour devenir vertueux
Fréquentez un homme honneste ;
C'est un mal contagieux
De fréquenter une beste.

Prie Dieu de telle sorte
Comme si chacun t'oyoit,
Et avec tous te comporte
Comme si Dieu te voyoit.

Guillaume Tabourot épousa en premières noces Louise Rougette dont il eut un fils Jean, baptisé à Saint-Michel le 20 avril 1596 et qui mourut en bas âge. Il épousa en secondes noces, le 1er juin 1606, Jeanne Bernard, fille du célèbre Étienne Bernard, l'éloquent orateur du Tiers aux États de Blois de 1588, homme politique de premier plan, conseiller au Parlement, maïeur de Dijon, puis lieutenant-général du bailliage de Chalon-sur-Saône. La postérité a conservé son nom parmi ceux des grands hommes de la Bourgogne, et sa famille s'est perpétuée jusqu'à nous. Par son mariage, Guillaume Tabourot était devenu le beau-frère de celui qui sera, après une jeunesse pleine de frivolité, le vénérable Claude Bernard (1), le *pauvre prêtre*, l'apôtre des malheureux. De cette seconde union, Guillaume eut six enfants qui continuèrent la lignée. Le seul dont il y ait lieu de faire mention est l'aîné, *Théodecte*, chanoine de Langres,

(1) DE BROQUA, *Claude Bernard, dit le pauvre prêtre*, 1588-1641 (Paris, Lethielleux, 1914).

à qui l'on doit une « Histoire des Sainctes Reliques et anciennetez de Lengres, » restée manuscrite et justement estimée.

Le « cursus vitæ » de Guillaume II Tabourot nous le montre, en 1611, conseiller-maître ordinaire des Requêtes en l'Hôtel de la Reine-Mère et du duc d'Orléans, puis peu de temps après bailli de la seigneurie de Seurre appartenant personnellement au gouverneur de Bourgogne, Roger de Saint-Lary, qui devint par le fait en 1611 marquis de Bellegarde (Seurre), puis duc de Bellegarde en 1619. Guillaume II Tabourot vécut à Seurre jusqu'en 1643 ; il revint alors à Dijon habiter sur la paroisse Notre-Dame mais pour y mourir l'année suivante. On l'enterra le 11 septembre dans l'église des Jacobins (1).

Mais l'intérêt qu'offre pour nous Guillaume Tabourot est tout autre. Dans la séance du 15 novembre 1906, M. Charles Oursel communiquait à la Commission des Antiquités de la Côte-d'Or un volume in-4° que venait d'acquérir la Bibliothèque municipale de Dijon, contenant des estampes, des plans et des dessins, et qui portait sur le verso du dernier feuillet la mention manuscrite suivante :

« Guillaume Tabourot, escuyer, seigneur de la Tour de Saint-Apollinaire, finage de Dijon, fils du seigneur des Accords, se plut beaucoup en l'architecture et peinture, donna tous les premiers plans et dessins des plus belles maisons de Dijon, ayant commencé par celle du président

(1) Tous ces renseignements biographiques sont empruntés à la savante étude de M. Marcel Mayer.

Desbarres, conseiller Boyer (sic, pour Baillet) de Vaugrenant et autres, et de suite de l'hôpital et de toutes les maisons religieuses de son temps, et de tous les plus beaux batiments ès villes d'alentour, comme de Bellegarde ou Seurre, etc. ; de plus après sa mort on a suivi même méthode et ordre n'ayant eu son pareil dans toute la province, tant pour la douceur et fécondité de son esprit, que pour l'industrie de sa main. Il eut force amys et est la plus grande cause que Dijon est bâti comme il est. »

M. Marcel Mayer, partant de ce document revélateur, s'occupa avec bonheur à identifier sinon toutes, du moins les principales œuvres de Guillaume Tabourot qui fut bien, en effet, le rénovateur de Dijon, celui qui a donné à notre ville les premiers éléments architecturaux de son aspect moderne.

Il est regrettable que la reconnaissance publique n'ait pas perpétué le souvenir de ce véritable bienfait et qu'il faille chercher sur les rayons d'une bibliothèque le témoignage trop discret de l'activité féconde d'un des meilleurs citoyens de Dijon, tandis que son nom devrait s'étaler sur une de nos places et être épelé en passant par les petits enfants se rendant à l'école.

Ce qu'il faut retenir, c'est ce singulier mélange chez les hommes d'autrefois de multiples aptitudes. L'absence de diplômes qui classent les professions et arrêtent les initiatives, a cela de bon qu'elle laisse à chacun la possibilité de révéler son talent, selon les circonstances opportunes. Un illustre exemple est celui de Claude Perrault, docteur en médecine, constructeur de la colonnade du Louvre et de l'Observatoire de Paris. Chez nous, qu'un bailli de

Seurre, cumulant des fonctions judiciaires et administratives, quelque chose comme un sous-préfet qui serait en même temps président de tribunal, puisse devenir l'architecte préféré de ses contemporains, bâtir des édifices considérables tels que le couvent des Ursulines (1) ou l'Hôpital général, être appelé par les riches bourgeois pour qu'il leur construise leurs hôtels familiaux, cela déroute un peu nos conceptions de la hiérarchie et de la spécialité des métiers ; mais il faut l'avouer, c'est tout à l'honneur du vieux temps.

II

Étienne Tabourot, né en 1549, mourut en 1590. Il parcourut donc cette seconde moitié du seizième siècle fertile en événements politiques, religieux, sociaux, littéraires, et propice à la surexcitation des esprits. Si parmi les siens Étienne Tabourot trouvait un milieu adonné de longue date à la culture intellectuelle, son temps ne pouvait que développer chez lui des aptitudes héréditaires à l'érudition, mais à une érudition parée de cette singulière fantaisie sans contrainte que l'on trouve dans un si grand nombre des œuvres de cette époque.

Le seizième siècle, on le sait, fut un siècle agité. Il trouva à ses débuts la France presque unifiée et la monarchie à son apogée sur les ruines de la féodalité que Louis XI, poursuivant une politique de lointaine origine, avait, par la diplomatie, par la ruse, par la corruption ou les supplices,

(1) Aujourd'hui la caserne Dampierre.

pensé définitivement supprimer. Le roi entraîne alors en des expéditions hors frontières une noblesse qui pourrait devenir turbulente, et qui le deviendra facilement, sous prétexte de religion, lorsqu'en 1559 Henri II ayant conclu la paix avec Philippe II à Cateaux-Cambrésis, elle sera devenue oisive dans ses terres (1). Les relations nouvelles qui naissent alors avec l'Italie sont une révélation pour les Français. Tous s'engouent de l'art, des modes, de la littérature de la péninsule. Les belles étoffes, les meubles de luxe sont recherchés, et l'on s'endette pour satisfaire les goûts dispendieux dont la Cour donne l'exemple et que propagent, non sans profit, les fastueux banquiers italiens qui trafiquent chez nous. En même temps, l'esprit de curiosité envahit les intelligences : curiosité de tout connaître, de tout juger, de tout discuter. Les réfugiés grecs, échappés à l'invasion turque dans l'empire de Bysance, apportent des manuscrits d'une littérature inconnue ou mal connue par des adaptations latines. On se met furieusement à apprendre le grec ; on apprend même l'hébreu ; la philologie devient la science du jour, et la reconstitution des textes dans leurs formes primitives entraîne tout à la fois à des doutes et à des enthousiasmes. De là, cette fermentation extrême des esprits qui tendent à approfondir toutes les questions et à vérifier toutes les solutions habituellement acceptées jusque-là sans conteste.

La Bourgogne et Dijon ne pouvaient rester indifférents à cette révolution intellectuelle et morale.

(1) Lucien Romier, *Les Origines politiques des guerres de religion*, Paris, Perrin 1913-1914 — 2 vol. in-8°.

C'est certainement dans l'ordre religieux que se manifesta avec le plus d'ampleur le mouvement d'émancipation des intelligences, émancipation toute relative et qui ne fut complète que chez de rares penseurs, car on était si peu habitué à la liberté de la pensée que s'affranchir des dogmes catholiques ne fut que se lier à d'autres dogmes tout aussi stricts et sur lesquels, par une contradiction inattendue, l'Église de Genève n'admettait pas la moindre discussion. La transformation qui se produisit alors du sentiment religieux d'une partie de la nation est d'une telle importance qu'elle commande par son action directe et par ses conséquences non seulement l'histoire du seizième siècle, mais celle aussi des siècles qui suivront.

Il est inutile de revenir sur les causes multiples, et de nature très diverse, de la naissance et de l'extension de la Réforme, causes qu'il ne faut pas confondre avec celles des guerres de Religion qui s'en distinguent nettement. Si dans l'ensemble de la Bourgogne la Réforme obtint quelques résultats, qui, d'ailleurs, furent sans solidité, (le terrain était si peu propice que les bourguignons éminents du Calvinisme : Théodore de Bèze, la Roche-Chandieu, Hubert Languet (1) ne purent donner libre cours à leur activité qu'en dehors du pays natal), on peut dire qu'à Dijon elle ne fut qu'une manifestation passagère. Les historiens se sont étonnés de cet insuccès si on le compare à ce qui se passa dans d'autres provinces, en Normandie, en Picardie, et surtout dans les provinces méridionales où le protestantisme

(1) Henri Chevreul, *Hubert Languet* (Paris, Potin, 1854, un vol. in-8).

s'ancra si solidement que les plus violentes persécutions n'ont pu le déraciner, insuccès qui surprend si près de Genève et sur les routes qui y conduisaient. La vérité est qu'en Bourgogne les partisans des « idées nouvelles » se recrutèrent parmi les artisans et la petite bougeoisie des villes et des bourgs (1), là même où pouvaient s'exercer des mesures de police, circonstance importante dans cette affaire. Les hommes des champs n'étaient pas alors plus qu'aujourd'hui sensibles aux aspirations de la spiritualité ; leurs âmes ne se tourmentaient pas de spéculations si compliquées. Les préoccupations du bien-être matériel leur suffisaient ; si elles étaient satisfaites, ils ne demandaient rien de plus et l'état de choses existant — politique ou religieux — les contentait. Or il ne semble pas que les laboureurs eussent, lorsque les premières manifestations de la Réforme se produisirent, à se plaindre de leur sort. Leur existence apparaît comme assez large à cette époque et le système fiscal spécial à la Bourgogne ne les accablait pas de charges trop lourdes, tout au moins — elles sont toujours trop lourdes — aussi lourdes que dans la plupart des autres provinces. « Quant

(1) C'est par erreur que M. Ed. Belle (*La Réforme à Dijon*, Dijon, 1911, p. 168) reconnait parmi les protestants de Dijon des femmes *haute lignée* et des *gentils hommes*. Les plus huppés appartenaient au monde judiciaire et n'étaient que des bourgeois et même d'assez petits bourgeois. — Les protestants *dijonnais* ne semblent pas avoir été plus de 200 à 300. Lorsque le 18 août 1562 (*Mémoires de Tavannes*, collection Buchon, p. 194 — Garnier, Correspondance de la Mairie de Dijon. t. II. p. VIII) Gaspard de Saulx-Tavannes fit arrêter et expulser les huguenots, leur nombre s'élevait à douze ou quinze cents, dont plus de mille étrangers à la ville.

à la noblesse, dit M. Ed. Belle (1), dont les membres, d'ordinaire se ralliaient plus par politique que par conviction à la religion nouvelle, il était peu vraisemblable qu'à Dijon [il faut ajouter en Bourgogne] son intérêt la poussât à s'émanciper de la tutelle gouvernementale et à séparer sa cause de celle du clergé : lorsque se fera sentir plus tard l'influence des grands chefs huguenots dont les châteaux forts de Noyers et de Tanlay étaient proches, elle se trouvera largement contrebalancée par la présence d'un gouverneur et d'un lieutenant général entièrement dévoués à la cause catholique. »

Le clergé dijonnais ne pouvait évidemment voir d'un œil favorable le mouvement protestant dont le triomphe eût consommé sa ruine ; il ne semble pas cependant, en dehors de quelques prédications, s'être montré très zélé à le combattre, ce qu'il aurait pu faire sans doute par certaines de ces œuvres d'apostolat auxquelles les Jésuites s'attachèrent lorsqu'ils s'établirent à Dijon. Il y eut des défections parmi les moines, et le clergé des paroisses dut se voir recommander par la municipalité une attitude moins résignée et une plus vive ardeur à opposer en chaire doctrine contre doctrine (2). Ce fut, en effet, la Chambre de Ville qui prit en mains la répression du protestantisme et elle le fit sans ménagement. Cela rentrait dans sa conception de ses devoirs de police. Les quelques réunions qui se tinrent à Dijon à l'occasion du passage d'un pasteur ou d'un prédicant et qui débordèrent dans la rue étaient un trouble apporté à la

(1) Ed. Belle, *loc. cit.* p. LV.
(2) *Arch. mun. Dijon*, B 197, f°s 106, 198, 135.

tranquillité de la ville ; la discussion des dogmes catholiques traditionnellement admis en était un autre. Aussi, pourchassés, les protestants ne furent plus que des unités éparses dans la population. Malheureusement pour eux, leurs coréligionnaires battaient la campagne en armes à trop peu de distance : aussi exerça-t-on contre ces réformés inoffensifs et même contre les suspects une véritable persécution. Le lieutenant général, Gaspard de Saulx-Tavannes, créa en 1567 la *Ligue du Saint-Esprit* pour assurer la cohésion des forces catholiques. Celle-ci travailla de concert avec la municipalité et Dijon se trouva sous le coup d'un régime de terreur (1). Expulsions, visites domiciliaires, emprisonnements, confiscations, tout fut mis en œuvre pour supprimer la doctrine protestante. Il faut le reconnaitre, l'ensemble de la population était complétement d'accord avec ses chefs légaux ou improvisés.

Lorsque se fonda la *Sainte Union*, la grande Ligue des Guises, Dijon, qui était d'ailleurs la capitale du gourvernement de Charles de Lorraine, marquis de Mayenne, se trouvait tout désigné pour se donner entièrement au parti anti-royaliste. A vrai dire, ce fut, comme le montrent les savantes études de M. Henri Drouot (2), une lutte entre la Chambre de Ville et le Parlement, celui-ci se divisant aussitôt. Les royalistes les plus ardents, et qui d'ailleurs ont des intérêts matériels à sauvegarder en dehors de la ville, s'expatrient et fondent à Flavigny un Parlement dissi-

(1) *Arch. mun. Dijon*, B 174 bis, passim.

(2) En particulier Flavigny contre Dijon, dans *Mémoires de l'Académie des Sciences, Arts et Belles-Lettres de Dijon* ; 1922, p. 47.

dent ; les autres plus timorés et craignant pour leurs biens restent à Dijon, surveillés de près par une municipalité ombrageuse. Les rares parlementaires ligueurs, retenus par la confraternité professionnelle, se montrèrent toujours moins passionnés que les membres de la Chambre de Ville. Mais c'est un fait que Dijon avait trouvé là une occasion unique de manifester son vieil esprit d'indépendance vis-à-vis du pouvoir royal, d'affirmer qu'il était maître chez lui et n'avait de comptes à rendre au Roi que s'il le voulait bien. Ce mouvement de la Ligue fut, en effet, rapidement détourné de son point de départ religieux pour devenir un mouvement purement politique. La population fut cependant bientôt lasse d'un système d'une très dure autorité, d'autant plus exigeante qu'elle sentait le terrain se dérober sous elle et qu'elle avait à satisfaire les rancunes personnelles des maîtres de l'heure, système qui pouvait avoir le mérite d'exalter la puissance municipale en face des autres pouvoirs, mais qui dégénéra facilement en de trop pénibles privations pour des citadins habitués à toutes leurs aises. La Sainte Union dijonnaise portait en elle-même les causes de sa déchéance. Nous verrons Étienne Tabourot au premier rang parmi les chefs ligueurs de Dijon. Il mourut trop tôt pour voir se terminer l'aventure par la victoire de Henri IV et une réaction royaliste qui, heureusement modérée, se contenta d'accaparer les places avantageuses.

Comme en tout temps, au seizième siècle les convictions politiques ont été influencées par les conditions économiques et sociales dans lesquelles les hommes ont vécu, et ces conditions ont reçu de telles modifications au cours du siècle que leurs variations à elles seules expliquent en très grande partie les troubles et les difficultés de toutes sortes dont le royaume fut la victime.

Tous les auteurs sont d'accord pour reconnaître que le début du XVIe siècle fut pour la France une période de prospérité. Louis XII, en recevant le titre de Père du Peuple, reste un symbole de cet état de bien-être et de vie facile. L'abondance régnait ; par suite de leur rareté les métaux précieux étaient chers et les espèces monnayées n'en avaient que plus de valeur ; comme conséquence naturelle les objets nécessaires à la vie apparaissent d'un bon marché extraordinaire. Les prodigalités de la cour de François Ier, ses dépenses d'apparat et ses dépenses de guerre, qui poussèrent le trésor royal à une plus grande exigence fiscale, n'eurent à cet égard que peu de répercussion en Bourgogne, les États ne votant, tous les trois ans, le *don gratuit* pour la caisse du souverain, qu'avec le plus de parcimonie possible et sans la moindre générosité. Mais tout change vers le milieu du siècle. « Les années qui suivent la mort de Henri II, dit M. Henri Hauser (1), ne marquent pas seulement l'explosion des guerres religieuses ; elles donnent à l'observateur l'impression d'une époque de malaise social. Ce malaise fut si vivement ressenti par les contemporains qu'ils s'ingénièrent à en trouver les causes. Cette recherche mit en lumière l'un des côtés de la question, l'enchérissement de toutes choses. C'était l'effet le plus

(1) Henri Hauser, *Travailleurs et marchands de l'ancienne France* (Paris, Alcan, 1920). Ch. III. Controverse sur les monnaies, 1566-1578.

tangible, le plus immédiatement et universellement saisissable de la révolution économique. Il atteignait à la fois l'État, dont il diminuait les revenus, et un certain nombre de classes particulières. »

Et, en fait, tandis qu'en Bretagne Noël du Fail (1) constate que ce qui sous la génération précédente « coustait cent sols, vaut ce jour dix livres », à Dijon nous voyons le prix de toutes choses monter dans des proportions analogues. La comptabilité du couvent des Chartreux, qui nous est restée, nous fournit à cet égard des documents précis (2). La quarteranche de froment (20 kilogrammes) qui valait 7 sols 1/2 en moyenne entre 1500 et 1560, monte à 12 sols 1/2 entre 1560 et 1574, pour atteindre 15 sols de 1574 à 1589. La quarteranche d'avoine monte également de 2 sols à 3 sols 1/2 puis à 4 sols 1/2. Le cent d'œufs : 8 sols 2 deniers, 18 sols 4 deniers, et 19 sols 6 deniers ; la livre de beurre : 1 sol 10 deniers, 3 sols 5 deniers, et 3 sols 6 deniers (3).

Ce qui rendait la vie chère, c'est que le salaire des ouvriers ne suivait qu'avec un certain retard le coût des denrées, comme nous le constatons aujourd'hui. C'est ainsi que les tableaux établis avec tant de soin et de précision par M. Cyprien Monget nous apprennent que le salaire d'une journée de travail d'un manouvrier représentait à la fin du xve siècle 6 kilogrammes 700 grammes de blé, 5 kilogs 300 gr. pendant la première moitié du xvie siècle, et 3 kilogs 300 gr. seulement pendant la seconde moitié ; que ce même

(1) Noel du Fail, *Contes et discours d'Eutrapel*, ch. xxii.
(2) *Arch. de la Côte-d'Or*, H. 46 (341 cahiers).
(3) Cyprien Monget, *La Chartreuse de Dijon*, t. III, p. 419.

salaire traduit en boisson permettait d'acheter durant les mêmes périodes : 4 litres 97, 3 litres 53, 1 litre 44, 1 litre 07 de vin, et cependant les prix des journées de travail avaient progressé peu à peu de cinquante pour cent.

La cherté de la vie à partir de 1560 environ est donc indéniable et les gémissements ne manquaient pas de se faire entendre ; il n'y avait guère que le négoce, négoce des denrées ou négoce de l'argent, qui ne se plaignait pas. Les économistes contemporains s'efforcèrent d'en rechercher les causes. Parmi les ouvrages qui parurent alors, celui (1566) du seigneur de Malestroit, conseiller du Roy et maistre ordinaire de ses comptes sur *Le fait des Monnoies*, et celui (1568) rédigé en réponse au premier par le célèbre Jean Bodin sont particulièrement intéressants (1).

Jean Bodin énumère plusieurs causes. Tout d'abord, l'abondance du métal précieux et des espèces monnayées d'or et d'argent. Cet excès de richesse qui diminuait la rareté et par conséquent le pouvoir d'achat de la monnaie était la conséquence du traité de Cateau-Cambrésis (1559) et de la politique constamment suivie par Catherine de Médicis qui, aux prises avec d'énormes difficultés intérieures, se refusa à toute guerre extérieure, malgré que ce pût être un puissant dérivatif. Nous étions en effet, alors en paix avec les Turcs, les Espagnols et les Anglais ; de là, la possibilité d'un commerce actif qui se traduisait, surtout avec l'Espagne qui manquait de denrées et qui avait beaucoup d'or, par des exportations considérables — et une raréfaction chez nous — de blé, de vin, de papiers, de draps,

(1) Henri Hauser, *Op. cit.*

de grosses toiles, de sel, et par une importation correspondante de monnaie. « Il est certain, dit Bodin, que nous avons les vins et les blés à meilleur compte pendant la guerre avec l'Espagnol et Flamand qu'après la guerre et lorsque la traite (exportation) est permise. » En même temps, la banque lyonnaise introduisait un très fort appoint, provenant surtout d'Italie, de numéraire qui trouvait son emploi à gros intérêts dans les affaires commerciales françaises et dans les emprunts de la royauté. Bodin remarque aussi que beaucoup de Français, Auvergnats et Limousins principalement, allaient travailler en Espagne, trop peu peuplée et qu'ils y gagnaient de forts salaires qu'ils rapportaient ensuite chez eux.

Il faut ajouter que tandis que se multipliaient les signes d'échange, tout concourait en France à restreindre la production : dans les campagnes les dégâts causés par les déprédations des troupes armées qui parcouraient le pays et pour qui la guerre religieuse n'était que prétexte à brigandage ; dans les bourgs les confréries d'artisans (ce que nous appelons aujourd'hui des syndicats) qui s'entendaient par des règlements sévères pour supprimer la concurrence et hausser les prix, malgré les efforts des municipalités pour abatire ces *monopoles* (1). Bodin n'oublie pas non plus l'action des gens de la Cour, des grands seigneurs et des riches négociants qui n'hésitent pas à

(1) *Arch. mun. Dijon*, G. 3., cité par A. V. Chapuis, Les anciennes corporations dijonnaises, p. 10 (mém. de la Société bourg. de Géog. et d'Hist. tome XXII). — Pour le commerce des vins, plaidoyer manuscrit de François Perrier (1677) pour le Syndic. de la Ville de Beaune contre les courtiers en vins (bibliothèque de l'auteur).

surenchérir les meubles, étoffes, dentelles, bijoux, chevaux de prix dont ils ont envie et qui leur donnent ainsi une valeur factice dont les répercussions se font sentir même sur les objets de première nécessité. Un gaspillage, en un mot, qui a les plus funestes conséquences.

Le résultat de tout cela fut que la masse de la nation criait misère, que les mercantis s'enrichissaient, accumulant une monnaie dépréciée mais qui ne constituait pas moins une force capitaliste, que la noblesse trop portée à dépenser pour paraître sans le compenser par un travail productif s'appauvrissait, et que la royauté, rongée par son luxe, son esprit de prodigalité et l'armée à faire vivre, voyait ses revenus normaux diminuer chaque jour de pouvoir d'achat. Pour créer des ressources au Trésor, on eut recours à l'exploitation systématique d'une idée qu'avait eue François Ier, idée qui parut sans danger au début mais qui devait avoir les conséquences politiques et sociales les plus graves : la vente du droit d'exercer les fonctions publiques. C'était là un *produit casuel* dont on pouvait augmenter facilement le rendement par la création de nouveaux emplois aussi souvent que le demandaient non pas les besoins de l'administration, mais les besoins de la caisse royale. « Les rois s'y emploient follement pendant quatre années, dit M. Lucien Romier (1), aliénant lambeaux par lambeaux l'exercice de la puissance publique, comme ils ont aliéné leur domaine. »

En fait, au Parlement de Dijon, Louis XI en le créant avait nommé un premier président, un deuxième président

(1) Lucien Romier, *Le royaume de Catherine de Médicis*. (Paris. Perrin, 1922) t. II. p. 14.

et douze conseillers. Charles VIII avait ajouté quatre charges de conseillers. Mais François Ier crée un troisième président, puis en 1523 quatre charges de conseillers, huit en 1537, quatre en 1542, trois en 1543. Henri II crée un quatrième président, un conseiller garde des sceaux en 1552, trois conseillers en 1554 ; Charles IX sept conseillers en 1568 ; Henri III deux nouveaux présidents, deux conseillers en 1581, deux autres en 1588, et en 1575 une chambre des requêtes avec un président et six conseillers. Cet accroissement inutile va de pair avec celui des bailliages, des présidiaux que l'on commence à établir, des autres organismes judiciaires, en même temps qu'avec celui des offices de l'administration financière qui ne se laisse pas distancer. Et il faut que tout ce monde vive, après s'être remboursé de ses avances de fonds. On juge de la contribution énorme qu'il est obligé de prélever sur la fortune du public.

La vénalité des offices ouvre les portes d'une époque nouvelle. « Autrefois (1), le roturier ambitionnait d'être clerc d'Église ; à partir du XVIe siècle il s'efforce de devenir officier royal ou homme de loi. Voilà peut-être une différence profonde entre la France du moyen âge et la France moderne. Voilà qui distingue en tous cas la bourgeoisie française des derniers siècles de la bourgeoisie des communes flamandes ou des oligarchies italiennes. Parasite de l'État, cette bourgeoisie française tend à absorber toutes les forces du royaume et bientôt à devenir l'État lui-même, un État dans lequel la fonction publique est l'attribut fatal et comme une sorte de consécration de la richesse mobi-

(1) LUCIEN ROMIER, *Id.*, p. 40.

lière. Mieux que le luxe des marchands ou des banquiers, la vénalité des offices renseigne les foules naïves sur la suprématie réelle de l'argent dans le corps social. Quelle leçon donne maintenant au peuple l'administration de la justice, organe presque sacré de la puissance royale ! Il n'y a plus de hiérarchie naturelle, plus d'égards pour le mérite, plus de récompense pour l'intégrité, le zèle, le talent ; c'est l'enchère. Enchère qui discrédite les plus hautes juridictions... » Dès le seizième siècle, d'ailleurs, les esprits clairvoyants, clairvoyants parce qu'ils se sentaient lésés dans leurs intérêts ou leur amour-propre, avaient dénoncé les méfaits de la vénalité des charges. Les États généraux de 1560 en avaient fait l'objet d'une de leurs doléances et l'ordonnance d'Orléans du 31 janvier 1560 en avait accordé la supression, fort vainement, car en pratique rien ne fut changé. Aucun gouvernement obéré n'a jamais hésité à conserver une fiscalité qui causera sa perte, si elle est productive. Si cependant la monarchie française avait su prévoir ! En rendant les fonctionnaires propriétaires de leurs emplois, en leur créant ainsi un statut d'un genre spécial, mais un statut, l'État a abdiqué toute autorité. Il n'est plus maître de ses agents ; il n'a plus de serviteurs, mais des collaborateurs qui peuvent trouver bon de ne pas collaborer. Déjà Catherine de Médicis se heurtera, dès ses premières difficultés à la résistance passive de ses propres représentants dans les services publics, qui n'obéissent que si cela leur convient. On s'étonne souvent, dans la crise terrible pendant laquelle elle eut à gouverner, de la voir hésiter, louvoyer, temporiser ; elle ne pouvait faire autrement ; les agents d'exécution de ses ordres se révélaient, par leur inaction tout au moins, plus puissants que le Roi. Alors commence la faiblesse de la Royauté en face des Parlements, des officiers de finances ou d'administration. Malgré les efforts des Bourbons, de la volonté de Louis XIV, des coups d'éclat de Louis XV, la monarchie des deux derniers siècles de l'ancien régime se révéla impuissante à gouverner — ce que nous appelons gouverner ; — elle n'a jamais été habituée à être obéie.

A Dijon, la ville se peupla, comme ailleurs, de robins, infatués d'eux-mêmes, maîtres du pavé ; une caste de privilégiés avec une clientèle de bas officiers de judicature : procureurs et huissiers. La bourgeoisie commerçante descendit dès lors d'un degré dans la hiérarchie sociale, à un rang dont elle s'empressera de sortir dès qu'elle aura amassé sur le gain journalier l'épargne suffisante pour entrer dans le monde du Palais.

Tel est le milieu dans lequel vécut Étienne Tabourot, milieu dans lequel il eut sa place, dont il partagea les besoins, les préjugés et les passions politiques. Et sans doute parce que la vie, en cette seconde moitié du seizième siècle fut difficile, toute de luttes, faite d'à-coups, mélange de privations et de bombances, Étienne Tabourot garde dans ses œuvres un ton, non de joie et de gaîté, mais de plaisanterie forcée ; son rire est amer ; il se plaît dans la saleté ; il fanfaronne avec des vices imaginaires. Il semble, au sortir de ses études de prosodie un peu pédantes, vouloir s'étourdir des ennuis et des mille âpretés de l'existence quotidienne, sans vérifier la qualité du vin qui l'enivre.

Par une heureuse fortune, ce peuple de robins dijonnais, si porté aux contestations politiques et aux intérêts matériels, fut, grâce aux loisirs que lui donnait son nombre même, grâce à son goût natif, un milieu littéraire et artistique d'une surprenante vitalité.

Il ne nous est resté relativement que peu de monuments du XVIe siècle. Peut-être les talents de constructeur de Guillaume Tabourot, le fils d'Étienne, y sont-ils pour quelque chose et a-t-on profité de son habileté pour démolir trop de maisons qui nous intéresseraient aujourd'hui. Mais ce qui reste suffit à nous montrer que les artistes dijonnais, architectes, sculpteurs sur pierre ou sur bois, continuaient à constituer une école dont les ateliers recevaient d'importantes commandes (1). Ce qu'il y a de

(1) HENRI CHABEUF, *La Côte-d'Or monumentale*, dans Dijon et la Côte-d'Or en 1911, t. II. p. 127. *Dijon, monuments et souvenirs*, (Dijon, Damidot, 1894), passim.

Parmi les derniers travaux parus, intéressants par les références qu'ils contiennent, il faut citer :

HENRI DAVID, *Le grand portail de l'Église Saint-Michel de Dijon*, (Mémoires de l'Académie de Dijon, 1923, p. 225).

ID., *Le portique de la chapelle de l'École Saint-François-de-Sales* (*id.*, 1924, p. 65).

AUGUSTE GASSER, *Le plafond sculpté de la maison, 3, rue Jeannin.* (*Id.*, 1923. p. 33)

EUGÈNE FYOT, *Recherches sur l'hôtel de Rochefort* (*Id.*, 1924, bulletin, p. 26).

ID., *Le peintre Quantin*, ch. 1. (Revue de Bourgogne, 1912, p. 1912, p. 129).

ID., *L'architecture à Dijon sous la Renaissance, Hugues Sambin*, Revue de Bourgogne. 1925. p. 5).

Sur les artistes dijonnais au XVIe siècle se trouvent de nombreuses notes éparses dans les *Mémoires de la Commission des Antiquités de la Côte-d'Or*, la *Revue de Bourgogne* et les recueils des Sociétés savantes.

remarquable, c'est la modification du goût qui se manifeste pendant le cours du siècle : l'ornementation italienne, peu à peu, prédomine avec des rappels de l'art de l'antiquité romaine, très arrangée, il faut le dire. Le grand intérêt que nous trouvons dans les études si nombreuses et si fouillées que l'on a écrites sur les artistes dijonnais du seizième siècle, est de constater dans cette population où l'on ne compte aucun grand seigneur, mais de simples bourgeois plus ou moins riches, combien on est affiné et sensible aux séductions de la forme esthétique. Ces petites gens n'hésitent pas à sacrifier une partie de leur patrimoine pour avoir une belle demeure, d'harmonieuses proportions, ornée de fines sculptures. De même qu'un esprit délicat trouve un plaisir augmenté à lire un auteur aimé dans une jolie édition, honnêtement reliée, de même, au sortir du Palais, ou au sortir de la boutique où ils avaient commercé, nos ancêtres jouissaient de leur maison toute neuve, qu'un artiste italien de passage ou un artisan dijonnais qui avait fait son tour de France et poussé au-delà des Alpes, venait de lui construire, de lui décorer à la mode du jour, avec des guirlandes de fruits, symbole de la Bourgogne féconde, et des médaillons où l'on voit le dauphin qui conduit au rivage Arion à la voix captivante

Arion, le poète aimé des dieux, c'était bien son image qui devait présider aux loisirs de ces lettrés dijonnais du seizième siècle. Qui bien, qui mal, tous versifient, en latin, en grec, en français aussi. Les prétextes ne manquent pas : la mort d'un ami, les désespoirs d'amour reels ou imaginaires, les bonnes fortunes dont on se félicite. Le livre d'un compatriote va-t-il être imprimé ? On se hâte d'envoyer une épitre liminaire en mètres rares et savants. Qu'un cotillon laisse deviner une jambe bien faite, c'est un sonnet ; une mèche folle échappée d'un toque de velours fait naître une chanson galante. On profite de l'entrée des grands personnages pour rimer des inscriptions laudatives et des dialogues allégoriques. Lorsque, le 29 avril 1501 (1), Louis XII fit son entrée dans sa bonne ville de Dijon, les habitants avaient été invités pour honorer le Roi à se vêtir d'une robe ou d'un manteau d' « estamine rouge », et ce cortège magnifique s'arrêta successivement devant cinq échafauds dressés entre la porte d'Ouche et le Logis du Roi, ornés par les artistes Perrenot Rousseault, Nicolas Moingin, Nicolas Prévost, Guillaume Benoist, Jehan Chandellier, de toiles peintes représentant le règne et la ruine des Juifs, le règne et la ruine des Romains, le règne de la France. Sur chaque échafaud on joua un mystère dû au talent de quelque lettré dijonnais : *La Fontaine d'obéissance*, *La Reyne Vénus*, *Gédéon*, *La Justice*, *Le Maure*. On ne nous a pas, malheureusement, conservé le texte de ces pièces.

Quelques mois plus tard, le 16 novembre 1501, à l'arrivée de Marguerite d'Autriche, la descendante des ducs de Bourgogne, on avait élevé à la porte Guillaume un *château d'Amour*, et devant l'hôtel du prince d'Orange (2), sur la place Saint-Jean, on représenta en l'honneur de la princesse le mystère *du Monde*. Même cérémonial, fêtes analogues, le 16 avril 1521, à l'entrée de François Ier, le 2 juillet

(1) *Arch. mun. Dijon.* — I. liasse 9.

(2) Au n° 4 actuel de la Place Bossuet. — *Arch. mun. Dijon.* I. liasse 23.

1547, à l'entrée de Henri II. Lorsque vint Charles IX à Dijon, le 22 mai 1564, on joua devant la maison du Miroir un mystère mythologique où figurait *Apollo*, dieu de la poésie et des arts, entouré des trois Grâces (1). Nous sommes en plein humanisme.

C'est surtout lors des *sorties* et des représentations de la joyeuse société de *Mère Folle* ou *Infanterie dijonnoise* (3) que la verve des poètes pouvait se donner libre cours. Soit en patois, soit en français, les proclamations burlesques, les saynètes de circonstance sont du meilleur esprit. La malice y est mordante, mais, et c'est tout à son honneur, elle n'est jamais grossière. Les figurants des parades, les auteurs et les acteurs du théâtre de l'infanterie dijonnaise se recrutaient dans le monde judiciaire, le monde auquel appartenait Étienne Tabourot. Il ne semble pas cependant avoir joué son rôle parmi eux. S'il en parle à plusieurs reprises dans les *Ecraignes*, c'est comme en voisin, pour raconter les bonnes facéties dont il avait été le témoin et qui l'amusaient fort. Les exploits des bons vivants qui portaient par la ville le pittoresque guidon que nous conservons au Musée archéologique comme une insigne

(1) Pour cette représentation la mairie alloua 40 sols et une paire de chausses à Apollon qui en dehors de la scène se nommait Garnier. (*Arch. mun. de Dijon*, I, liasse 18. -C. Monget, *La Chartreuse de Dijon*, t. II, p. 240). La maison du Miroir appartenait aux Chartreux.

(3) Infanterie, c'est-à-dire *jeunesse*. *Sur la Mère Folle*, voir Lucotte du Tillot. *Mémoires pour servir à la Fête des Fous* (Lausanne et Genève, 1741, in-4°. Ibid., 1751, in-22) et J. Durandeau, *Histoire de la Mère folle laïque de Dijon* (Dijon, 1912).

relique de la gaieté d'autrefois ne paraissent pas l'avoir empêché de dormir.

Le goût littéraire a suivi à Dijon, pendant le seizième siècle, les mêmes phases que partout ailleurs en France. Au début, on en est encore à la mode des rhétoriqueurs, aux allégories morales, aux subtilités de métrique ; puis peu à peu, tant de Bourguignons allant en Italie, soit suivre les aventures militaires, soit étudier aux Universités de Turin, Pavie, Bologne ou Padoue, l'humanisme s'introduisit et gagna promptement du terrain. La première manifestation qui apparaisse est une épitre *aux enfants de Dijon, incitative à la studieuse connoissance des bonnes lettres,* que publia à Lyon, en 1543, chez Michel Parmentier un pitoyable rimailleur, Guillaume de Villebichot, dit Griachet (1), c'est-à-dire la petite pie. Cette épitre *incitative* trace tout un programme de nouveaux sujets poétiques sous l'inspiration des Muses *Oscarides,* les Muses de la vallée de l'Ouche. Griachet prêchait des convertis, et s'il fallait établir la liste de tous les Dijonnais, de tous les Bourguignons qui accordèrent leur lyre, il faudrait citer conseillers au Parlement, avocats, gens d'Église.

> Musae . . . .
> . . . .
> , Centum, Divio quos alit, poetis
> Sacra tempora cingitis corona,

disait Jacques de Vintimille (2).

(1) J. Durandeau, *La Renaissance littéraire en Bourgogne,* (Dijon, 1907).

(2) Pierre Perrenet, *Maclou Popon,* Revue de Bourgogne, 1925, p. 470).

De tous ces poètes quelques-uns, comme Claude de Pontoux, Pontus de Tyard, s'efforcent d'exprimer des sentiments personnels ; mais la plupart de ces œuvres sont ce que nous pourrions appeler des *poèmes de société*, des compliments, des épitres, des madrigaux, des satires, des oraisons funèbres. Si l'on y sent l'influence manifeste de la généreuse Bourgogne, de ses vins, de ses fruits, de sa vie facile ; si l'on y trouve la glorification de tous les dons d'une nature prodigue, on s'aperçoit aussi que rien n'échappe aux Dijonnais et à leurs compatriotes du mouvement intellectuel de leur époque, de la phraséologie et des procédés littéraires alors en vogue. Nous pourrons constater qu'à cet égard Étienne Tabourot est très vieux jeu par la clarté de son style. Dijon, en effet, n'était pas une ville isolée, repliée sur elle-même. Gîte d'étape sur toutes les grandes routes, on s'y arrêtait volontiers, sûr d'y trouver bon logis, savants et plaisants propos. Les Dijonnais eux-mêmes étaient souvent en voyage. Parlement, Chambre de Ville, toujours en bisbilles, déléguaient à la Cour à tout propos pour exposer leurs récriminations et tenter d'obtenir quelques avantages particuliers ; les officiers du gouvernement central allaient et venaient. On est étonné à lire les documents du temps de voir avec quelle facilité on se déplaçait. Un curieux exemple nous est donné par le conseiller Breunot dans son journal (tome I, p. 174). En 1575, le régime de suspicion était à son comble et l'on surveillait les allées et venues de tous les habitants. Au moment de la rentrée du Parlement, on constata l'absence d'un conseiller, M. de Maillerois. Qu'était-il devenu ? Quelles démarches avait-il pu faire ? S'était-il rendu à la Cour pour y solliciter à l'insu de ses collègues ? Enfin il revint, et l'on apprit qu'il était allé — simplement — passer les vacances judiciaires à Rome. Il n'y était resté que neuf jours et son déplacement avait duré trois mois et demi, lui coûtant pour un si court séjour dans la ville sainte quatre vingt dix écus. C'était bien avoir la manie des voyages (1).

III

Cette ambiance d'art et d'érudition que pimentait l'amour des plaisirs et de la bonne chère, cette vie de petite bourgeoisie à l'intelligence façonnée par les études juridiques et l'usage quotidien de la procédure, où se mêlaient la recherche des déduits de l'esprit et l'ardeur pour les luttes politiques du municipe, convenaient, on ne peut mieux, au caractère d'Étienne Tabourot. Il y évolua avec aisance, tour à tour magistrat, homme de faction, philologue, poète épicurien, conteur aimable, satirique indulgent et moraliste de temps à autre.

Lorsque son père mourut en 1561, il n'avait que douze ans ; mais il avait autour de lui, à Dijon et à Langres, une nombreuse famille, bien pourvue, et une mère qui semble avoir été une femme de tête. Ses premières études se firent sans doute à Dijon car il est peu probable que son père ait eu

(1) D'après Blanchet et Dieudonné, *Manuel de Numismatique*, l'écu valait en 1575, 3 livres tournois. Le voyage avait donc coûté 270 livres, ce qui fait à la parité or 707 fr. 40, ou en francs papier au cours de 1925 : 2829 fr. 60.

une résidence continue à Verdun dont il était bailli, ces sortes de fonctions n'exigeant qu'une présence intermittente lors de la tenue des assises. L'instruction était alors donnée à Dijon au Collège Martin (la rue du Vieux Collège en a conservé le souvenir), ainsi nommé d'un généreux ecclésiastique, Julien Martin, qui légua ses biens à la ville pour l'établissement d'un collège, en 1531. En acceptant ce legs et en prenant la direction de l'institution, la Ville ne faisait que suivre une lointaine tradition (1). C'est au commencement du quinzième siècle que la municipalité dijonnaise se chargea, par une action personnelle et autrement que par des encouragements, du service de l'enseignement assuré jusque là soit par les couvents et particulièrement le Chapitre de la Sainte-Chapelle, soit par des maîtres libres qui assuraient le fardeau pécuniaire et moral de leurs écoles à leurs risques et périls. Dès lors, la Ville qui entendait que les frais engagés par elle ne fussent pas stériles, pourchassa sans pitié toutes les concurrences. Elle organisa, en fait, le monopole de l'enseignement. Bien entendu, les échevins se contentaient d'un rôle de surveillants sur les études et la discipline, et confiaient le soin de l'instruction à des recteurs qu'ils choisissaient. Tantôt, ils avaient la main heureuse et les écoles prospéraient, attirant de nombreux

(1) Charles Muteau, *Les Écoles et Collèges en Province*, (Paris-Chevalier Maresq, 1882). C'est l'histoire, en dépit de ce titre très général, de l'enseignement à Dijon. Cet ouvrage contient des renseignements historiques fort intéressants, mais le parti-pris de l'auteur contre les ordres religieux et particulièrement contre les Jésuites ne lui permet pas d'apprécier les événements avec les sentiments qu'en avaient les contemporains.

élèves venus non seulement de la province, mais de fort loin, de Lorraine et du Brisgau ; tantôt les recteurs étaient inférieurs à leur tâche, et c'était le *chahut*, chahut dans les classes, chahut dans la rue. Les pauvres échevins étaient fort en peine ; ils avaient beau faire fouetter les écoliers récalcitrants, ceux-ci, comme toujours, continuaient de plus belle. Le résultat le plus tangible était que les parents retiraient leurs enfants pour les envoyer dans d'autres villes et que les écoles dépérissaient jusqu'à ce que de nouveaux maîtres vinssent refaire une réputation de bon aloi au collège dijonnais. Un des meilleurs professeurs fut, de 1517 à 1530, le célèbre Pierre Turrel, d'Autun, qui forma une brillante génération d'élèves parmi lesquels l'éloquent et savant Pierre du Chatel, successivement évêque de Tulle, de Mâcon, d'Orléans, et enfin grand aumônier de France. Pierre Turrel finit assez tristement. Un beau jour, il s'adonna à l'astrologie, se troubla complétement la cervelle, délaissa ses devoirs d'éducateur, et se rendit impossible. Cette aventure ne fut pas étrangère au legs de Julien Martin. Malheureusement, aprés quelques années prospères, les désordres recommencèrent, et dès 1578 la pensée vint à la municipalité, lasse de chercher sans succès des régents capables, de s'adresser aux Jésuites dont les collèges commençaient à devenir justement renommés. En 1581, grâce au testament du président Odinet Godran, ce projet put se réaliser. C'était toute une révolution dans le régime de l'enseignement à Dijon. Au lieu d'une instruction au jour le jour, au hasard des capacités de maitres recrutés au petit bonheur, dont la pédagogie n'offrait pas toujours de bien grandes garanties, ce furent à la fois un programme d'études satisfaisant en même temps les humanistes et les catholiques, et si solidement conçu que dans son ensemble il a subsisté presque jusqu'à nos jours, adopté qu'il fut par l'Université de France à ses débuts, l'assurance de la stabilité des méthodes, de la régularité de vie du personnel enseignant, et enfin, chose importante, des professeurs expérimentés et interchangeables en cas de besoin. Malgré ces avantages qui emportèrent l'adhésion de la grande majorité de la population dijonnaise, les Jésuites ne furent pas cependant accueillis tout à fait à l'unanimité. Il y eut des esprits qui s'effrayèrent de cette réglementation de l'enseignement et de l'éducation, et regrettèrent un régime où l'on avait plus de liberté d'allures, au risque de courir la fortune de ne pouvoir s'adresser qu'à des professeurs médiocres. Au fond, ils n'avaient pas tout à fait tort. Rien n'est mauvais pour un pays, bien qu'aujourd'hui on pense trop communément le contraire, que l'uniformité dans la formation des jeunes intelligences. La génération littéraire du seizième siècle a une fantaisie, une curiosité d'esprit, une variété dans les aptitudes et les orientations que l'on chercherait en vain au dix-septième siècle. La forte instruction des Jésuites à laquelle devra se plier toute la jeunesse formera des juristes et des érudits, préparera des orateurs de la chaire et de la barre à l'éloquence plus massive que puissante ; Bossuet sera une exception. Mais, si l'on peut oser cette comparaison, on cheminera désormais sur une grande route sûre et solide ; maintenu par la discipline à laquelle on se sera habitué dès l'enfance, on hésitera à mettre le pied sur ces sentiers de traverse qui s'en vont vers des endroits jolis, mais peut-être dangereux.

Après avoir appris à Dijon les premiers éléments, Étienne Tabourot fréquenta à Paris le Collège de Bourgogne, situé à peu près en face, près de la rue de l'Éperon, de la faculté de Mé ecine actuelle. C'est là que quelques années plus tard, et Tabourot ne le connut que par relations littéraires, professa un Bourguignon, né à Talant en 1536, et qui eut quelque célébrité en son temps, Claude Mignault. Ce pédant fieffé, grand alambiqueur de subtilités littéraires, quitta la robe de professeur pour celle de magistrat et mourut avocat du Roi au bailliage d'Étampes en 1605. Selon l'usage des lettrés d'alors il avait transformé son nom par trop vulgaire en celui plus distingué et plus savant de *Minos*, ce qui devait singulièrement impressionner les jeunes écoliers qui passaient des examens devant lui, et ses justiciables d'Étampes s'ils avaient, par hasard, quelques notions de mythologie.

Ce fut pendant son séjour au Collège de Bourgogne qu'Étienne Tabourot composa ses premières œuvres, œuvres juvéniles et scolaires. C'est la traduction en vers latins d'un poème de Ronsard, la *Fourmy*, et d'un poème de Remy Belleau, le *Papillon ;* devoir de rhétoricien dont il fut sans doute assez fier, car il le fit imprimer. Ce sont des acrostiches, des tours de force de prosodie, sans aucune valeur littéraire, mais qui furent pour lui d'excellents exercices, l'initièrent à tous les secrets de la versification et lui donnèrent cette souplesse, cette facilité d'expression qui caractérisent ses œuvres rimées.

Ces quelques années d'études dans le milieu parisien eurent certainement une influence considérable sur Étienne Tabourot. Quel moment excitant pour un jeune homme aussi précoce ! Les événements politiques alternaient avec les événements littéraires, et Paris, ainsi que toute la France, était en fièvre. Tabourot lut beaucoup alors, un peu tout ce qui se présentait, et apprit beaucoup. C'est à cette époque qu'il commença à accumuler cette masse prodigieuse de renseignements et d'anecdotes curieuses dont il fit plus tard les *Bigarrures*. Puis il partit pour Toulouse afin d'y faire ses études juridiques (1). Les jeunes Dijonnais devaient alors s'expatrier pour conquérir leurs grades, et si nombre d'entre eux se rendaient en Italie, en France, Toulouse les attirait volontiers. Étienne Tabourot dut retrouver des compatriotes dans cette ville studieuse et joyeuse à la fois que fréquentait une jeunesse venue de tous pays, où l'on pouvait en dehors des Pandectes et du Décret de Gratien apprendre beaucoup d'autres choses à tous égards intéressantes.

Ayant conquis ses grades et gonflé son cahier de notes des plus remarquables bizarreries de l'art d'écrire, il revint à Dijon et se fit inscrire au barreau. En 1579 (2), le nouveau seigneur de Verdun-sur-le-Doubs, Guillaume de Gadagne, sénéchal de Lyon, lui confia la charge de bailli qu'avait déjà occupée son père. En 1582, il achète l'office de procureur du Roi au bailliage de Dijon ; son installation est du 1er décembre. Désormais, il n'a plus, en accomplissant des devoirs professionnels peu absorbants, qu'à se laisser

(1) Sur les études juridiques des jeunes Dijonnais et le mode de vie des officiers de justice, voir Pierre Perrenet, *Maciou Popon* (Revue de Bourgogne, 1925, p. 470).

(2) Abel Jeandet, *Fragments des Annales de la Ville de Verdun-sur-le-Doubs* (Dijon, Darantiere, 1893), ch. xvii, p. 443.

vivre, à écrire, à correspondre avec les nombreux amis littéraires qu'il s'est faits de côté et d'autre, parmi lesquels il faut citer Étienne Pasquier, Jacques Pelletier, Pontus de Tyard, et prendre part aux luttes politiques qui agitent Dijon. Pendant la période agitée de la Ligue, il se rangea, avec passion, semble-t-il, du côté catholique et devint un des membres actifs de la Sainte-Union (1). Aussi n'est-ce pas sans étonnement que l'on trouve dans ses œuvres tant de plaisanteries, d'anecdotes peu édifiantes sur les moines de son temps ; ils étaient cependant eux et lui rangés sous le même drapeau. Il fut échevin et en cette qualité capitaine de la compagnie de milice de la paroisse Saint-Jean ; remplissant les fonctions de lieutenant-colonel, il commandait les habitants en armes qui sur le parcours du cortège allant à la Sainte-Chapelle faire baptiser le jeune fils de Mayenne, formaient la haie le 12 février 1579 (2). Plus tard, bien près de la fin de sa vie, il collabora avec Étienne Bernard qui devint son compère puisque son fils Guillaume épousa Jeanne Bernard, ce qui indique une liaison d'amitié des deux familles, à la rédaction d'un libelle dans lequel ces enragés ligueurs faisaient l'apologie de l'assassinat du roi Henri III. Ils le firent imprimer de force par l'imprimeur Jean Desplanches (3), le meilleur typographe

(1) Henri Drouot, *Tabourot des Accords ligueur.* (Revue de Bourgogne, 1912, p. 232).

(2) *Livre de souvenance du chanoine Pépin*, p. p. Joseph Garnier (Dijon, Rabutôt, 1886), t. I, p. 26.

(3) *Journal du Conseiller Breunot* (Dijon, Rabutôt, 1866), t. III, p. 40.

du seizième siècle à Dijon (1), facétie d'assez mauvais goût, car le malheureux Desplanches était protestant et lors de la réaction royaliste, en 1595, le Parlement ouvrit une information contre Étienne Bernard et Jehan Desplanches, le fils, associé puis successeur de son père. Par bonheur, Henri IV réfréna cet excès de zèle et pardonna aux coupables. Il fit mieux : il créa pour Étienne Bernard une charge de conseiller au Parlement, abandonnée aussitôt pour la lieutenance du bailliage de Chalon, et Desplanches, pour sa part, obtint la clientèle des agents du pouvoir royal qui était, paraît-il, fort lucrative.

Étienne Tabourot n'était plus là. Il était mort en 1590, à quarante et un an, presque au même âge que son père. Son portrait, qu'il avait fait graver quelque temps auparavant lorsqu'il avait trente-cinq ans, le montre avec ses rides, fatigué et vieilli. L'usure de cet homme qui avait sans doute trop vécu, trop pensé, trop bataillé, avait été précoce. On l'enterra à Saint-Bénigne à côté de la sacristie. Sa veuve et ses fils lui firent élever en 1606 un tombeau que les remaniements de l'église ont fait disparaître.

IV

L'œuvre d'Étienne Tabourot est assez volumineuse. La matière en est d'ailleurs, fort diverse. Après ses essais de collégien, il publia à Paris, en 1572, chez Galliot du Pré un

(1) Clément-Janin, *Les imprimeurs et libraires dans la Côte-d'Or* (Dijon, Darantiere, 1883), pp. 13 et 18.

recueil de sonnets et aussi un *Dictionnaire des rimes françoises de feu M. Jehan Le Fèvre, dijonnois, chanoine de Langres, et secrétaire de Monseigneur le Cardinal de Givry, réduit en bon ordre, et augmenté d'un grand nombre de vocables et monosyllabes françois. Le tout pour l'avancement de la jeunesse et de la poésie françoise.*

Ces deux premiers ouvrages caractérisent bien Tabourot : un versificateur facile tournant agréablement les badinages et un érudit qui se montrera, ailleurs, curieux de toutes les bizarreries littéraires et philologiques.

Parmi ces *opera minora* restés peu connus, il faut nous arrêter à un opuscule qui offre beaucoup d'intérêt pour l'histoire artistique de Dijon. C'est un livre fort mince intitulé : *Steph. Tabourotius divioneus poeta. Icones et epitaphia quatuor postremorum ducum Burgundiæ ex augustissima Valesiorum familia. — Les pourtraits des quatre derniers ducs de Bourgogne de la maison de Valois — Latine et gallice.* (Paris, Jean Richer, 1587, 22 f[os], in-8°).

L'ouvrage est dédié au prieur dom Antoine et aux Chartreux de Dijon (1). S'adressant à eux, Tabourot s'exprime ainsi : « Voyant nos derniers ducs de Bourgogne, de la famille Royale des Valois, pourtraits en infinis endroits de ceste Province, si difformes et disproportionnez, que l'on diroit plus tost que ce sont les effigies de quelques pitauts de village, que non pas ces illustres Princes : Je me suis advisé pour complaire aux studieux de les faire tirer au naturel sur les peintures et statues qui sont en vostre

(1) *Sur le prieur dom Antoine Dubois*, voir Cyprien Monget, *La Chartreuse de Dijon*, T. II, p. 259.

maison, par le moyen de maistre Nicolas d'Hoey peintre excellent, qui les a si fidèlement représentés, que je me suis enhardy de les mettre en lumière sous votre nom. »

L'initiative d'Étienne Tabourot a deux mérites: celui de nous avoir conservé des images en partie perdues et d'avoir servi de modèle à un autre ouvrage curieux et précieux sur le même objet dû au pinceau de l'avocat Jean Godran (1), et celui de nous révéler le nom du peintre Nicolas d'Hoey ou Hoey qui revient à plusieurs reprises sous la plume d'Étienne Tabourot (2). Nicolas d'Hoey était flamand, et c'est par Tabourot que l'on connait son séjour à Dijon, ainsi que le talent qu'il avait pour les portraits. Il était avec ses frères Lucas et Jean qui fut valet de chambre et peintre du Roi et travailla à Fontainebleau, fils d'une fille naturelle, Marytgen, du grand peintre et graveur hollandais Lucas de Leyde. Cette Marytgen avait épousé Damnas Claesz de Hoey, originaire d'Utrecht, également peintre. Par les allusions que fait Étienne Tabourot, il nous apparaît comme s'étant lié assez intimement avec Nicolas de Hoey et lui avoir procuré une clientèle parmi ses amis. Il reste de ce peintre dans l'église de Vitteaux un triptyque daté de 1596 probablement commandé par Guillaume Drouas pour la chapelle qu'il avait fait construire.

(1) Charles Oursel, *L'avocat Jean Godran. Un artiste amateur au XVII*e *siècle*. (Mémoires de la Commission des Antiquités de la Côte-d'Or. T. XVI, p. 121).

(2) Pierre Perrenet, *Nicolas Hoey et Étienne Tabourot*. (Mémoires de la Commission des Antiquités de la Côte-d'Or, T. XV, p. XXXIV). *Également sur ce peintre* : Ibid. T. XIV, p. CCX, T. XV, p. LXXXVI et la note biographique par M. Ét. Metman, T. XVII, p. XLIX.

Nous arrivons maintenant aux ouvrages de Tabourot plus habituellement cités, réédités plusieurs fois au XVIIe siècle, et repris en entier au siècle dernier par l'éditeur Mertens (Bruxelles, 1866). Les Écraignes, dont on reproduit volontiers quelques-unes dans les anthologies bourguignonnes, mais peu connues dans leur ensemble, ont été l'objet d'une charmante réimpression chez le maître Maurice Darantiere, en 1921.

Ces ouvrages sont : les Bigarrures, les Touches, les Écraignes et les Apophtegmes ou contes facétieux du sieur Gaulard.

Les *Bigarrures* sont divisées en deux parties : l'une est appelée *livre I*, et l'autre — Tabourot aime étonner son lecteur, — *livre IV*. Elles sont d'inégale longueur, la première beaucoup plus longue que la seconde ; il y a entre elles une différence de ton très sensible. Le livre I, dont la première édition parut en 1579, est une œuvre de jeunesse qui semble avoir été imprimée telle quelle. Étienne Tabourot y accumule avec complaisance, trop de complaisance, les grossièretés, bien que la matière ne paraisse pas les nécessiter. On sent qu'il les recherche et qu'il fait le fanfaron ; qu'il affecte de se montrer dégagé de la retenue habituelle entre honnêtes gens qui évitent certains sujets et certains mots. Dira-t-on qu'au seizième siècle nos ancêtres étaient plus libres en leurs propos que nous ne le sommes aujourd'hui ? Je ne le crois que dans une certaine mesure. Tout dépendait, alors comme maintenant, de la compagnie que l'on fréquentait. Il faut bien avouer que ce que l'on est convenu d'appeler « la littérature de corps de garde » a toujours son succès ; il est vrai que s'il nous arrive d'en user en paroles dans une intimité discrète, il nous répugne de la voir imprimée. D'ailleurs Étienne Tabourot se rendait bien compte qu'il allait choquer ses contemporains, car dans son avant-propos il s'en excuse. « Si lasciva leges, ingeniosa leges, dit-il. Et à la vérité, c'est chose vraye, que je ne me suis jamais pleu d'estre veu ingénieux pour estre lascif, mais j'ay esté lascif seulement pour estre ingénieux. » Et dans une seconde préface signée du pseudonyme d'André Pasquet, il s'explique à nouveau : « Et oseray bien dire que tant s'en faut que cela offence personne (hors mis quelques hypocrites), qu'au contraire cela serviroit à la jeunesse d'advertissement de ne se pas tant amuser à ces recherches curieuses, puisqu'elle les verra icy toutes aprestées et en telle quantité, que l'abondance leur engendrera un dégoust, qui les occasionnera de mettre le nez aux bons livres, et lire choses dont ils pourront retirer du fruict... » Il allègue pour terminer que dans les auteurs latins qu'on lui met entre les mains, la jeunesse en lit bien d'autres.

Le chapitre premier traite de l'*Invention et utilité des lettres*. C'est une histoire des origines de l'écriture des plus fantaisistes et sur laquelle il n'y a pas lieu de s'arrêter. La science a fait sur ce point depuis Tabourot des progrès qui enlèvent tout intérêt à ses remarques.

Le second chapitre est consacré aux *Rebus de Picardie*. « Sur toutes les folastres inventions du temps passé, j'entends depuis environ trois ou quatre ans en ça, on avoit trouvé une façon de diviser par seules peinctures, qu'on souloit appeler des Rebus : laquelle se pourroit ainsi définir que ce sont des peinctures de diverses choses ordinairement cogneues, lesquelles proférées de suite sans article font un certain langage : ou plus briefvement ce sont équivoques de la peincture à la parole. Est-ce pas dommage d'avoir surnommé une si spirituelle invention du mot *Rebus* qui est général à toutes choses, et lequel signifie des choses ? Encore pensay-je qu'on les a nommées en latin faute de meilleur terme et à fin que les nommant selon le mot français, *Des choses*, cela ne semblast trop général en notre langue. Quant au surnom qu'on leur a donné de *Picardie*, c'est à raison de ce que les Picards, sur tous les Français, y sont infiniment plus délectez... » Après cette définition, Étienne Tabourot donne une série de rébus curieux, d'enseignes ou d'armes parlantes, de jeux de mots amusants et souvent obscènes.

Le chapitre troisième continue le même sujet. Comme tous les rébus ne sont pas de Picardie, et qu'il y en a aussi de dijonnais, Tabourot cite le suivant : « Un certain maire de Dijon fit peindre à l'entrée d'un Roy sur les armes de la dicte ville *dix jones*, et fit encore battre des gectons de ceste façon. » Ce maire qu'il ne nomme pas est en réalité Bénigne Martin, vicomte-maïeur de 1561 à 1568 et le catholique le plus passionné qu'on puisse imaginer. Son jeton porte, en effet, sur une de ses faces une main tenant dix jones avec une fermeté visible sur un fond semé de fleurs de lys, et cette devise : PRO. RATION. REDD. URB. DIVION. L'autre face présente au centre les armes de Dijon avec les initiales B. M., et tout autour les têtes assez ridicules du maire et de ses vingt échevins ; espérons qu'elles n'étaient pas ressemblantes. Un peu plus loin, Tabourot nous raconte : « Le bon vieillard Pierre Grangier (1), libraire à Dijon, a mis ce suivant sur sa boutique : une main ouverte, au-dessus de chaque doigt le mot *qui*, dans la paume le mot *est*, et sur le poignet, au-dessus de la main, le mot *si*, ce qui veut dire : *qui à chacun doit est en maints souscy.* »

Dans les chapitres suivants Étienne Tabourot passe aux équivoques, calembours, à-peu-près et autres rapprochements de mots, admirable matière pour se livrer à son penchant pour les grossièretés. Il est tout à fait là dans son élément, et comme il le dit dans sa préface ne laisse à la jeunesse curieuse rien à chercher ailleurs.

Le chapitre XII donne une série d'anagrammes, jeux d'esprit fort à la mode à cette époque ; cela n'offre que peu d'intérêt. Puis viennent une série de chapitres consacrés à toutes les habiletés que peut comporter l'art de la versification : vers rétrogrades, vers numéraux, vers rapportés, vers lettrisés, et acrostiches. Cet ensemble, réellement précieux par tous les petits renseignements de détail qu'il donne sur des auteurs anciens ou des personnages contemporains, suppose des lectures et des recherches considérables. Il en est de même du chapitre suivant, le seizième, qui traite de l'*Écho*. Tabourot y raconte qu'il a remarqué quatre échos de six syllabes : un à Charenton près de Paris, un à Toulouse, un à Vaux-sous-Aubigny près de Langres, et un autre en Italie *près le trou de la Sibylle*, ce qui pourrait faire penser qu'il a voyagé en Italie et poussé jusqu'à Naples, s'il ne fallait

(1) CHARLES OURSEL. *Notes sur le libraire et imprimeur dijonnais Pierre I Grangier.* (Mémoires de la Société Éduenne, 1906. T. XXXIV, nouvelle série).

beaucoup se méfier de ses vantardises. Puis il reprend sa nomenclature des tours de force que l'on peut exécuter en rimaillant : vers léonins, vers macaroniques, vers entrelardés de latin et de français, tels que ceux qu'il avait lus au réfectoire des Jacobins de Beaune.

Fratres bene veneritis,
Bien las aux pieds et aux genoux ;
Sititis et esuretis,
C'est la manière de chez nous.

Seez-vous icy de par Dieu
Comedentes et bibentes :
Selon la pauvreté du lieu,
Que dederunt nobis gentes.

De nos biens qu'avons amassez
Pro Deo sumite gratis,
Et si vous n'en avez assez
Mementote paupertatis.

Ensuite, viennent les vers coupés qui se lisent en hémistiches aussi bien qu'en entier et donnent deux sens différents : ils peuvent subir les complications les plus fantaisistes. Dans le chapitre XIX, Tabourot étudie les descriptions pathétiques, les harmonies imitatives et les antithèses ; puis dans le chapitre XX une foule de bizarreries philologiques qui n'ont pas eu l'honneur de recevoir un nom spécial. Le chapitre XXI nous parle des abréviations tachygraphiques et nous arrivons avec le chapitre XXII aux *Épitaphes.*

Ce chapitre des Épitaphes nous donne une documentation intéressante à côté d'amusantes plaisanteries. Nous avons ainsi les épitaphes aujourd'hui perdues du célèbre Chatillonnais Philandrier à Toulouse, de Guillaume Tabourot, du chanoine de Langres Jean Le Fèvre, de l'abbé Jarenton de Saint-Bénigne et d'autres abbés de ce monastère, de divers personnages inhumés à Saint-Étienne de Dijon. Ce chapitre, le dernier de la première partie des Bigarrures, se termine par un éloge en vers latin dû au talent du dijonnais François Juret (1), érudit et poète. Il était cousin d'Étienne Taroubot et mourut chanoine de Langres le 21 décembre 1625, à 73 ans.

La seconde partie des *Bigarrures* est intitulée : livre quatrième. « Il ne faut pas s'étonner, dit l'auteur, si j'appelle ce second livre le quatrième des Bigarrures : car ce volume entier ne serait pas bien bigarré s'il suivait la façon ordinaire des écrivains. » Un sonnet sans signature commence le livre :

Le parterre égalé d'une raze campagne
N'accommode si bien son hoste ou les forains
Que le pays bossu, où les vins et les grains
Bigarrent haut et bas le val et la montagne.

L'esprit qui bien mêlé dextrement s'accompaigne
De diversité d'arts, comme de plusieurs mains,
A bien meilleure prise ès affaires humains
Que cil qui pour un seul tous les autres dédaigne ;

C'est pourquoy, Tabourot, instruit de tant d'outils,
Dédale ingénieux entre les plus subtils,
Fait à tous bons accords, à tous déduits honnestes,

En public, en privé, de bouche et par écrit,
Non moins grave Caton que gaillard Démocrit
Tu as de quoy payer les sçavans et les bestes.

(1) Sur *François Juret*, voir Papillon. Bibliothèque des auteurs de Bourgogne.

Étienne Tabourot a visiblement pris de l'âge et s'est assagi. Il va maintenant aborder les sujets sérieux. Ce sont tout d'abord *Quelques traits utiles pour l'institution des enfants*, chapitre dédié à « honneste et vertueuse damoiselle Charlotte Noblet, femme de Monsieur le Président de Montculot (1). » Devenu père de famille et s'intéressant aux enfants, Tabourot nous donne quelques conseils sur la meilleure manière de leur apprendre à lire et incidemment sur l'éducation en général. Le début est charmant : « Il me souvient que voyant un jour en vostre maison cinq ou six petits enfants qui se jouoient avec leurs palettes abécédaires, vous pristes plaisir de les exciter, et faire disputer l'un contre l'autre sur les figures de leurs lettres, proposant, pour le prix des victorieux, des poires et des pommes que l'on vous avoit apportées fraischements en leur présence, et après lesquelles ils venoient sauteler et faire feste, vous en demandant sans demander. Et sur l'occasion de leur faire gaigner avec peine ce qu'ils vouloient avoir, nous ne nous peusmes tenir de rire de voir la petite jalousie et émulation de ces tendres esprits qui s'esforçoient à l'envy de se surmonter l'un l'autre. Mais sur tout j'eus compassion d'un petit blondelet qui pleuroit à chaudes larmes de ce que tous ses compagons avoient quelque fruict et luy seul n'ent peust gaigner aucun, parce qu'il ne pouvait cognoistre autres lettres que ces quatres A. B. C. D... » Étienne Tabourot, après avoir expliqué le mécanisme de sa méthode d'écriture, termine par un éloge très vif du procédé employé par les Jé-

(1) Il s'agit de Claude Saive, seigneur de Montculot, président à la Chambre des Comptes.

suites du Collège Godran pour exciter l'émulation de leurs élèves, procédé de la *concertation*, combat de deux camps rivaux où les bonnes notes sont des javelots acérés, où les fautes accumulées entraînent de honteuses défaites. Voici trois cent cinquante ans que dure ce système avec le même succès; c'était alors une nouveauté.

Le second chapitre est dédié à « François Mareschal, sécrétaire de la Chambre du Roy, et esleu des États pour Sa Majesté en Bourgogne (1). » Cette dédicace date la rédaction de ce chapitre, car François Maréchal fut pourvu de l'office d'élu, laissé vacant par le décès de Jean Desbarres, le 12 septembre 1585, et fut nommé conseiller à la Cour des comptes le 22 octobre 1586; il en devint plus tard un des présidents le 30 juin 1595. Parmi les écrits d'Étienne Tabourot, celui-ci offre certainement le plus d'intérêt et l'état de mœurs qu'il signale doit être connu si l'on veut bien comprendre la vie sociale d'autrefois. Il s'agit du *Changement de surnom*, entendons ce que nous appelons nom de famille. « Entre les beaux traicts d'intégrité et justice qui reluisent en Monsieur Colard, conseiller au Parlement de Dijon, j'ay remarqué une juste indignation qu'il a conceue contre ces oberaux et mouchets de Noblesse, qui estans yssus de nobles et honnestes familles des villes et citez de ce Royaume, aprés le décez de leurs pères, lesquels à grand travail ont acquis plusieurs biens et seigneuries, venans à appréhender leurs successions, changent incontinent le surnom d'iceux, comme s'ils desdaignaient de se dire et faire remarquer leurs enfans;

(1) Noel Garnier, *Le livre de raison de François Maréchal* (Bulletin d'histoire et archéologie du diocèse de Dijon. T. XII (1895), p. 153).

et oublieux de leur origine, prenoient plaisir par une insigne faulseté de s'eslever par dessus leurs ancestres, et vouloient par ce moyen fouler aux pieds leur mémoire. En quoy ils commettent une ingratitude merveilleuse car ils frustent indignement l'intention de ces bons pères qui amassent leur bien en grand travail, afin de conserver vraysemblablement le nom de leur famille... » La mode de prendre un nom de terre ou d'ajouter au nom patronymique une particule, soit *le*, soit *de*, crée dans la société la plus grande confusion. En changeant de nom, peu à peu on change de qualité ; l'on devient « escuyers et gentilshommes indirectement », ce qui a des conséquences assez grandes en matière fiscale, car « nos changeurs de noms... ne sont pas cotisez aux tailles et autres impositions qui sont lèvent sur le peuple, non plus que les vrays gentilshommes. » Et cependant, « c'est chose notoire qu'il y a des plus illustres familles qui portent surnoms simples, et au contraire y a des plus vilains qui portent les surnoms ainsi articulés ».

Les articles 110 de l'ordonnance d'Orléans (1561) et 257 de l'ordonnance de Blois (1576) ont bien réprimé les usurpations de titres nobiliaires, mais sans succès ; et grâce à des artifices de procédure que Tabourot énumère avec l'expérience d'un praticien consommé, on élude complètement leurs dispositions. Quant au changement de nom proprement dit, Étienne Tabourot souhaiterait le voir réglementé comme il l'est sous notre législation actuelle : l'autorité publique ne l'accorderait que dans des cas sérieux, par exemple lors d'une donation à charge de prendre le nom du testateur, ou lorsqu'on porte un nom ridicule, comme Merd'oyson ou Sallefessier. Il y a là un intérêt de police. Si en pareille matière on laisse toute liberté, s'il n'y a pas une réglementation sévèrement appliquée, les criminels auront beau jeu de dissimuler sous un nouvel état civil leur personnalité trop compromise ; et c'est bien ainsi, au moment où écrit Tabourot, que peuvent échapper aux châtiments qu'il méritent ces pillards qui parcourent la Bourgogne et la France en bandes armées, et se font appeler de la Selle, de la Housse, du Camp, du Mur, du Mont, de la Roche... et autres noms de guerre qu'ils changent à volonté.

Après ce chapitre fort sérieux et d'assez haute portée, Étienne Tabourot en revient à de *Particulières Observations sur les vers françois* qu'il dédie à sa cousine germaine « honneste et vertueuse damoiselle Didière Tabourot, vefve de feu monsieur Deschigey, conseiller au Parlement de Dijon ». Ce monsieur d'Eschigey s'appelait Nicolas de Récourt : il était entré au Parlement en 1538 et était mort en 1570.

Tabourot a beaucoup appris depuis ses premiers essais. Il a particulièrement réfléchi sur la prosodie et l'art de charmer les oreilles par l'heureux mariage des rimes masculines et féminines, chose assez nouvelle. Cela lui permet de donner son avis sur cette importante question et de présenter de nombreux exemples des harmonieux résultats obtenus par d'autres et par lui. Nous avons ainsi de ses vers : ils sont faciles et reposent agréablement de la phraséologie obscure de son bon ami Pontus de Tyard :

J'ay veu le temps que, libre, je feignois
D'estre amoureux de la première fille
Que j'estimois estre belle et gentille,
La chérissant ainsi que je le voulois.

J'ay veu aussi la saison qu'autresfois
D'un commun bruit parmy toute la ville
On m'appeloit l'amant des onze mille,
Qui tous les jours en aimoit deux ou trois.

Mais tout soudain que premier je te vis,
Je changeai bien de conseil et d'avis,
Car pour t'aimer je n'aimay plus aucune ;

Et mon amour fut si grande envers toy,
Que je sentis à l'encontre de moy
Plusieurs amours se convertir en une.

Et plus loin :

Ores, j'ay choisi pour maîtresse
Une belle demy Déesse,
Petite nymphette des champs ;
Je croy que c'est la plus gentille,
Gracieuse et honneste fille
Que j'ay point veu depuis dix ans.

Heureuse donc soit la Fortune
Qui m'a esté tant opportune
De m'adresser en si beau lieu ;
Heureuse la première place
Qui me fit voir sa bonne grâce
Et sa beauté digne d'un Dieu.

J'ayme bien mieux aymer icelle
Que quelque brave Damoiselle
La quelle pourra pour son mieux
Choisir quelque autre plus habile ;
Pour moy, je ne veux qu'une fille
Qui soit agréable à mes yeux.
. . . .

et cela continue ainsi pendant plusieurs pages.

C'est dans ce chapitre qu'Étienne Tabourot nous apprend comment il est devenu le *seigneur des Accords*, titre plus honorifique qu'avantageux qu'il a gardé pour la postérité. Le mieux est de lui laisser la parole :

« . . . . Je vous ferez part d'un sonnet qui me fut donné par une honneste et gracieuse damoiselle, nommée Anne, fille de feu ce grand et docte Président de Bourgogne, monsieur Bégat (1), lequel me faisoit cest honneur de m'aymer. Ce que je ne mets pas en mes dernières louanges. Et pour ce que c'est une response à un mien sonnet, affin qu'on cognoisse mieux le subject, j'ai mis auparavant cestuy ci :

Non, non, je ne suis point au rang des ombrageux
Qui se sentent soudain piquez de jalousie
Quand quelque autre survient choisissant pour amie
Celle-là dont ils sont fidèles amoureux.

Ma maitresse a le cœur si noble et vertueux
Que je n'ay point de peur que la soudaine envie
D'un nouveau serviteur entre en sa fantaisie,
Pour, changeant ses amours, me rendre malheureux.

Qui plus est, si celui qui la vient accoster
Est gaillard est gentil, je me pourray vanter
De sçavoir, comme luy, faire choix de bons lieux ;

Et si c'est quelque sot, j'auray l'occasion
De rire et calanger un peu sa passion,
Car au lustre de luy me monstreray mieux.

(1) Sur le président Jean Agneau Bégat, né à Chatillon-sur-Seine vers 1529, mort à Dijon le 21 juin 1572 voir P. Viard, *Le Président Bégat.* (Revue bourg. publiée par l'Université de Dijon, T. XV, 1905, fasc. 1). Anne Bégat épousa le conseiller Jean Fyot.

Et pour ce qu'au-dessous du sonnet, j'avais mis seulement ma devise *A tous accords*, ce fut la première qui eu sa response me baptisa du nom de *Seigneur des Accords*, comme aussi son père m'appela ainsi plusieurs fois (1). Qui a esté cause qu'en tous mes discours de ce temps là, j'ay choisi ce surnom, et même en ces livres.

RESPONSE D'ANNE BÉGAT AU SEIGNEUR DES ACCORDS.

Eh bien, vous êtes donc un très froid amoureux,
Puisque vous pouvez voir, sans sentir jalousie
Un autre quel qu'il soit, choisissant pour amie
Celle qui, toute à vous, vous pourroit faire heureux?

Sans monstre deux soleils ne se voyent ès cieux,
La cité en deux roys n'est pas bien départie,
Et l'âme entre deux cœurs ne peut être partie,
Aussi toujours l'amour en est un pour le mieux.

Si voste parangon de valeur vous surpasse,
Il prendra devant vous facilement la place,
Et pour amie aurez de vostre amie l'ombre.

Et si pour le meilleur il est lourdaut et sot,
Pour vous le faire court et conclure en un mot,
A vostre amie et vous il servira d'encombre.

(1) Pour saisir le sel de cette plaisanterie, il faut savoir que la mère d'Étienne, Bernard Thierry, mécontente du sot mariage qu'il avait fait avec Gabrielle Chiquot de Montpasté, avait attribué la seigneurie de Saint-Apollinaire, fief de la famille, à son second fils Théodecte, d'abord avocat puis chanoine de Langres. Le domaine et le titre revinrent plus tard au fils d'Étienne, Guillaume. Le droit d'aînesse n'existant pas en Bourgogne et depuis la réformation de la Coutume en 1570 le père et la mère pouvant faire entre leurs enfants un partage d'ascendants même inégal sous certaines conditions et spécialement de respecter la légitime, Étienne ne pouvait réclamer contre la disposition de sa mère.

Les *Bigarrures* se terminent par un chapitre dédié à « Pontus de Tyard, seigneur de Bissy, evesque de Châlon (1) », où il est traité des *Faux sorciers et de leurs impostures*, recueil d'anecdotes piquantes qui montrent que l'habileté des escrocs et la crédulité de leurs victimes étaient au seizième siècle aussi vivaces que de nos jours.

Est-il bien utile de parler des *Touches du seigneur des Accords ?* C'est un ramassis de lieux communs, rimés en forme d'épigrammes d'une platitude effrayante. Il faut croire qu'il y avait là quelques portraits et que des Dijonnais, moralement ou physiquement contrefaits, s'estimant particulièrement visés en voulurent à l'auteur, car le médecin Jean Bouchard crut devoir consoler Tabourot par le sonnet suivant :

Quand premier entre nous tu fais voir à la France
Que ton Dijon n'est pas infertil en enfans
Qui peuvent par leurs vers aux peuples survivans
Pouiser de sa grandeur le los en évidence.

Tu ressembles celuy qui tout premier s'advance
Au labeur non tenté, et de contre tranchans

(1) Étienne Tabourot, pendant son séjour à Verdun-sur-le-Doubs s'était lié avec Pontus de Tyard dont il se trouvait le voisin. Il profita même de ce voisinage pour dérober au château de Bragny, parmi les papiers de son ami, un manuscrit où celui-ci expliquait les motifs mythologiques de la décoration du chateaux d'Anet ; c'était une œuvre de jeunesse. Tabourot la publia à l'insu de Pontus de Tyard, chez Jean Richer, à Paris, en 1586, sous ce titre : *Douze fables des fleuves ou fontaines avec la description pour la peinture et les epigrammes par P. D. T.* C'est un petit volume très soigné et très rare. La préface siguée par Tabourot est datée : *Paris, ce jour de Toussain, 1585.*

Défriche courageusement les inutiles champs,
Les emblavant, fecond, d'une heureuse semence.

S'il rencontre au travail mille chardons nuisans,
Tu seras abbayé de mille médisans,
Mais quoy, mon Tabourot le proffit vaut la gloire ;

Car comme les chardons par le soc renversez
Les haynieux crèveront par tes écrits prisez
Et leur honte fera ta gloire plus certaine.

Jean Bouchart avait l'admiration facile.

Arrivons maintenant à deux œuvres d'Étienne Tabourot qui ont eu et ont encore leur célébrité : *Les Apophtegmes* ou *Contes facétieux du sieur Gaulard, gentilhomme de la Franche-Comté bourguignotte*, dédié à « Guillaume Nicolas, sieur de Popincourt, contrôleur général de l'artillerie de Bourgogne, Brie et Champagne (1) », et les *Escraignes dijonnoises.*

Il est assez difficile aujourd'hui de comprendre le succès qu'ont obtenu autrefois les Contes facétieux du sieur Gaulard ; mais il est certain qu'ils eurent une grande réputation et firent la joie innocente de plusieurs générations. Antoine Furetière, dans son *Roman bourgeois*, parlant d'un nigaud dont il raconte avec complaisance les burlesques sottises, ajoute : « le nombre de ses apophtegmes serait grand si on les vouloit recueillir et pourroit servir de supplément au livre du sieur Gaulard qui avoit à peu près un même génie. » Tallemant des Réaux dans une anecdote sur Her-

(1) Sur la famille Nicolas, voir Jules d'Arbaumont, *Armorial de la Chambre des Comptes* (Dijon, Lamarche, 1884), p. 272.

cule de Rohan, duc de Monbazon, ne trouve rien de mieux pour le décrire clairement que de dire : « Comme c'estoit un homme tout simple et qui a dit bien des sottises, on lui a attribué, et au duc d'Usez aussy, tout ce qui se disoit mal à propos : Il y a mesme, dans M. Gaulard, quelques unes des naïfvetéz qu'on leur donne. »

Ce petit livre de Tabourot débute par un « portraict du sieur Gaulard faict par Nicolas Hoey, peintre flamant ». Gaulard est représenté sous un aspect jeune, vêtu d'un magnifique pourpoint brodé, le cou entouré d'une fraise godronnée, la barbiche naissante, des moustaches en bataille, les cheveux en brosse ornés d'un rameau de laurier retenu par un ruban. Il n'a pas l'air aussi bête qu'on veut bien le dire ; car il serait, à croire Tabourot, d'une bêtise immense, et toutes les stupidités lui sont attribuées. Nous l'appellerions aujourd'hui M. de Calino. Si Gaulard est un franc-comtois et plus particulièrement un Dolois, c'est là une malice du bourguignon et du dijonnais qu'était Étienne Tabourot. Le temps de ces mauvaises querelles de voisinage est heureusement passé.

A vrai dire, les naïvetés de Gaulard, si elles sont nombreuses, ne sont pas très drôles. Il leur manque surtout le coloris, la verve, indispensables à tout récit qui a la prétention d'amuser. Ce sont des anecdotes écourtées, sans grand sel ; à peine peut-on encore en lire quelques-unes avec plaisir.

« .....Un allemant le vint un jour voir, et comme il ne pouvoit parler françois ny bourguignon, il luy fit un grand discours latin. Au bout de chaque période duquel, le seigneur Gaulard, fort ententif, avec un hon, de voix excitative pour le faire toujours continuer, l'entendit fort longuement et jusqu'à ce que cest allemand cogneut qu'on ne luy respondoit rien, et qu'on luy faisoit signe par derrière qu'il revint d'icy à une heure par ce que monsieur estoit empesché. Parquoy il prit congé, et Monsieur Gaulard se retournant vers sa compagnie, un d'entre eux luy dit : Ce loffre-liffre a grand tort de vous entretenir si longtemps avec son latin, car le diné se gaste. Lors comme esveillé en sursaut le sieur Gaulard luy respondit : Pardieu, vous avez grand tort vous-mesmes que vous ne m'avez dit qu'il parloit latin car je luy eusse respondu bravement. »

« Une autrefois, il cacha par les champs sa bourse au milieu d'une terre, de la crainte qu'il eut de ce qu'on luy avoit dit que plusieurs soldats venoient après luy. Et pour remarquer le lieu, avoit considéré qu'il estoit vis à vis le clocher de l'église d'un village. Quelque temps après, cuidant retrouver son argent, il s'achemina près le lieu ou il pensoit l'avoir mis. Et pour ce que de tous cotez tournoyant à l'entour du village, il voyait ce clocher à droite ligne, il dit : Voylà grand cas, je croy que ce clocher me trompe de se présenter ainsy devant moy, ou quelque mauvois garçon le fait ainsi aller pour me faire tromper, afin d'aller prendre mon argent, quand je n'y serai pas. »

Ce sont certainement les *Escraignes dijonnoises* qui ont conservé jusqu'à nous la renommée du Seigneur des Accords. Il n'y a pas d'anthologie bourguignonne qui ne cite, avec le *Prologue au lecteur sur l'étymologie du livre*, l'une ou l'autre de ces historiettes. Il y en a cinquante réunies sous le titre de « livre premier ». Étienne Tabourot avait-il l'intention d'en ajouter d'autres ? C'est possible ;

car avec un peu d'imagination on peut aller loin si l'on cherche dans l'armoire aux contes dont tous les peuples et toutes les générations ont conservé la clef. Les contes des *Escraignes* ont, au point de vue littéraire, un très grave défaut : ils sont secs. Ce sont des sommaires, des résumés, plutôt qu'une aventure contée avec tout le développement qu'elle peut comporter. Les sujets sont généralement amusants, susceptibles d'être agrémentés de toutes sortes de circonstances drôlatiques ; on s'attendrait à des péripéties qui feraient reculer le dénouement, et donneraient du pittoresque au récit : mais non, c'est bref et sans apprêts. Les *Escraignes* ont toutefois le mérite d'avoir cette tournure malicieuse et, « bonhomme » que les Bourguignons savent volontiers donner aux histoires qu'ils racontent.

Qu'étaient-ce donc que les *Escraignes* ?

« En tout le pays de Bourgogne, mesme ès bonnes villes, à cause qu'elles sont peuplées de beaucoup de pauvres vignerons qui n'ont pas le moyen d'achepter du bois pour se deffendre de l'injure de l'hiver, trop plus rude en ce climat que au reste de la France, la nécessité, mère des arts, a apris ceste invention de faire en quelque rue escartée un taudis, ou bastiment composé de plusieurs perches fichées en terre en forme ronde, repliées par le dessus et à la sommité ; en telle sorte, qu'elles représentent la testière d'un chapeau, lequel après on recouvre de force motes, gazon et fumier, si bien lié et meslé que l'eau ne le peut pénétrer. En ce taudis, entre deux perches, du costé qu'il est le plus deffendu des vents, l'on laisse une petite ouverture de largeur par advanture d'un pied et hauteur de deux pour servir d'entrée, et tout à l'entour il y a des sièges composez du drap mesme, pour y asseoir plusieurs personnes. Là, ordinairement les après-soupées, s'assemblent les plus belles filles de ces vignerons avec leurs quenouilles et autres ouvrages : et y font la veillée jusques à la minuit... »

Pendant ces soirées, chacun à tour de rôle raconte la sienne, aux rires de l'assemblée quand l'histoire est un peu grasse. Nous ne sommes évidemment pas dans un cercle de précieuses ; les vigneronnes de la rue du Tillot n'ont pas une délicatesse très raffinée. Aussi y-a-t-il quelque difficulté aujourd'hui à faire des citations suffisamment *honnestes* pour les lecteurs du vingtième siècle ; les plus piquantes de ces historiettes ne peuvent plus se dire en public : elles sont trop sales. Elles n'ont rien de ce que l'on appelle la « gauloiserie » et ce n'est pas par pruderie qu'on hésite à les citer, c'est tout simplement par propreté.

En cherchant bien, on peut toujours trouver quelque bon fruit au milieu des pommes véreuses. En voici deux :

« Vous avez tous peu connoistre ce grand riche Escossois qui se tenoit auprès de Verdun en Lorraine. Il estoit grand mesnager, et s'il donnoit une fois à disner à ses voisins, il en prenoit vingt fois autant. Il y avoit assez près de luy un grand seigneur, le nom duquel je supprimeray pour maintenant, auquel il prit envie d'aller voir ce maistre Escossois. Et comme il prenoit plaisir à la chasse, il se mit en chemin avec son train, force chiens et oiseaux. L'Escossois adverty va au devant de luy, le reçeut fort courtoisement de paroles, lui fit bonne chère à disner et à soupper, estimant qu'il seroit d'autant quitte ; toutesfois incertain de la volonté de son hoste, il ne dormit pas toute la nuit à son aise. Le matin venu, il envoye voir escouter proche la chambre de son hoste, s'il ne se levoit point; puis à l'estable, si l'on n'apprestoit point les chevaux pour s'en aller, et n'en voyant point d'apparence, il se résolut en soy-mesme que c'estoit encores à faire à un disné. Et en cette espérance dans estre quitte d'autant, il fait apprester à disné à son hoste qui, s'estant levé à dix heure et ouÿ Messe, se trouva incontinent en appétit. Et estant assis à table, commença à entretenir son Escossois de plusieurs choses, et entre autres luy demanda s'il ne luy bailleroit pas quelqu'un de ses gens pour le conduire après disner en quelque beau lieu proche pour voler près la rivière, afin de faire exercer ses oiseaux; et s'il n'envoyeroit pas quelqu'un de ces gens pour trouver un lièvre en forme qu'il courroit le lendemain matin. A ces paroles, connut cet Escossois que son hoste n'estoit prest de partir; parquoy il s'advisa cette ruse de contrefaire le malade. Et de fait, se serrant la teste dit que sa migraine le venoit de prendre, qu'il le falloit aller coucher; pria son hoste de l'excuser, par ce quand cette maladie le prenoit, il ne sçavoit quelle contenance tenir, et si quelquefois luy duroit deux ou trois jours. L'hoste incontinent esventa la mèche et luy dit: Monsieur, je suis plus malade que vous; Mort Dieu! contre migraine un lict vistement. L'Escossois s'en va coucher en sa chambre; l'hoste s'en va à la sienne. Un jour se passe; le pauvre Escossois auquel les dents faisoient bien mal, demandoit comme se portoit son hoste, et comme l'on luy rapportoit qu'il estoit en son lict, ne faisant semblant d'en sortir, il fut contraint se lever et sortir du lict le premier pour bailler occasion à son hoste de s'en aller, ce qu'autrement il n'eust faict. »

. . . .

« Guillemette Sanpiquet se leva de bonne grâce, et dit que puis que l'on estoit sur si bonne matière qu'elle feroit un conte ou plustost récit d'une histoire. Vous avez ouÿ parler qu'à Dijon, il y a environ quarante ou cinquante ans, l'on ne parloit que de rire. Les clercs, les marchands et les gens d'Église faisoient des parties à l'envy les un des autres. Dieu sçait quels banquets et despences l'on y faisoit. Il y avoit un bon homme, et bien avaricieux, qui tenoit l'hostellerie de la Croix d'or, qui estoit bien aise de manger chez les autres; mais quand il estoit question d'aller chez luy, il sçavoit des détours d'escrime pour se sauver. Quand ce bransle eut longuement duré, l'on dit qu'il estoit forcé de luy en donner une; et pour y parvenir l'on appresta un jeune marchand venu de Paris, auquel on imposa un nom de Baron de Baurepas. L'on le fit sortir par une des portes de la ville; puis on envoye par diverses portes de beaux chevaux, appartenans à ceux qui faisoient la tromperie, avec les serviteurs et force meschantes malles, les plus vieilles et despecées que l'on peut trouver. Lesquels serviteurs estans arrivez au lieu où ce baron fait à la haste les attendoit, incontinent emplissent de foing leurs malles et dressent leur équipage pour faire honneur à ce M. le Baron qui après en moult belle ordonnance se vint rendre au dit logis de la Croix d'or, où il fut reçu par l'hoste qui incontinent luy demanda s'il vouloit compagnie à soupper. Il respond qu'ouy, et commande que l'on envoye inviter tels et tels qu'il luy nomme, qui estoient ceux qui avoient dressé l'escarmouche, auxquels il vouloit faire bonne chère. Ce qui est aussi soudain exécuté; et eux arrivez, les tables furent incontinent couvertes, où l'on fit très bonne chère, et Dieu sçait si l'on espargna le bon vin de l'hoste. Cependant le baron commanda à ses serviteurs que l'on ne déselle point les chevaux, et qu'ils souppent tous premiers que de mener leurs chevaux à l'abbrevoir. Les tables levées, il se va promener avec sa compagnie, et en partant dist à son hoste qu'il reviendroit un peu tard, et que cependant il treuve en sa chambre la collation et le lict apresté. Il le promet ainsy. Si le maistre avoit fait bonne chère, les serviteurs ne s'y espargnèrent point, et après soupper s'en vont aux chambres porter leurs malles sur les coffres ès lieux qu'elles entrapoient le moins. Ce fait, ils mènent eux-memes abbrever leurs chevaux ; mais au partir de l'abbrevoir, ils les ramenèrent chacun en leur maison. L'hoste esbahy de cela, et voyant que son baron ne retournoit pas, ne sçavoit que penser ; car d'un costé il voyait les malles aux chambres, et d'autre costé que les chevaux n'estoient pas à l'estable. Sur cette anxiété il appelle de ses voisins, par l'advis desquels il ouvre ces malles, afin de controller ce qui seroit dedans. Et en ce faisant, ne trouvant que du foing, et voyant que les malles ne valoient rien, il conneut bien que l'on luy avait donné une trousse. Dont il se pensoit bien taire, pour crainte d'être mocqué ; mais les compagnons le jouèrent le lendemain sur l'échafaut, dont chacun se prit à rire. »

De même que les Bigarrures pour l'histoire littéraire, les Escraignes ont un grand intérêt pour l'histoire dijonnaise. A chaque ligne quelque détail de mœurs inattendu se présente, nous révélant les à-côtés des institutions locales, les habitudes de nos ancêtres. Et aussi que de noms de contemporains de Tabourot, personnages sérieux dont nous connaissons les fonctions officielles, mais dont nous apprenons ici les aventures burlesques qui devaient faire bien rire les Dijonnais, le soir au coin du feu, ou à la fin d'un bon « repas de cochon » entre deux verres de Marcs d'or. C'est sans doute à cause de leur caractère très dijonnais que la renommée de ces petits contes des Escraignes ne semble pas avoir dépassé la Bourgogne et contribué à faire connaître Étienne Tabourot au dehors. On peut même dire, puisqu'on cessa de les réimprimer, qu'à partir du milieu du dix-septième siècle, ils ont perdu leur vogue d'antan. Peut-être n'ont-ils plus alors le talent d'amuser, puisque chaque époque a le genre de facétie qui lui est propre. Ce n'est guère que de nos jours qu'ils ont pris un certain regain de faveur, comme une antiquaille redevenue à la mode.

Si Tabourot, dès son vivant, fut connu assez loin de Dijon, il le doit, pour des raisons d'ordres différents, aux *Bigarrures* et aux *Apophtegmes* du sieur Gaulard, œuvres d'un caractère assez général pour pouvoir intéresser d'autres gens que des Bourguignons. Ce sont les *Bigarrures* qui ont permis à l'imprimeur des Discours et Contes d'Eutrapel, de Noël du Fail, (édit. de 1585), dans son avertissement au lecteur, de mettre côte à côte du Fail, *Rabelais et Des-Accords scientifiques gausseurs*. Le contexte montre bien qu'il ne s'agit pas d'assimilation de Rabelais et de Tabourot, car, en fait, il n'y a de commun entre eux que la *gausserie* et l'abus des gros mots. Rabelais est un philosophe et un sociologue qui voile ses idées pour les répandre sans danger ; Tabourot n'est pas un philosophe et, sauf en de très rares endroits, n'a pas d'idées. C'est un rat de bibliothèque qui collectionne des curiosités ; il n'a rien à dissimuler. Mais il avait besoin de s'étourdir, et ses lecteurs avaient besoin de s'étourdir eux aussi. Cette fin du seizième siècle était lugubre ; nous avons aujourd'hui toute l'expérience nécessaire pour la bien comprendre. Les ressources matérielles se raréfiant, les plus mauvaises passions déchaînées, la fiscalité absorbant tous les produits de l'activité des citoyens, l'État s'en allant en javelles, comme on dit en Bourgogne, il n'y avait certes pas de quoi rire. Étienne Tabourot a réagi ; il a voulu rire quand même. Sa gaieté sans doute est un peu lourde ; mais c'est déjà beaucoup de conserver sa bonne humeur quand on a tant sujet de gémir.

DIJON, DARANTIERE

CE LIVRE
A ÉTÉ IMPRIMÉ
PAR
MAURICE DARANTIERE
EN OCTOBRE
M.CM.XXVI

www.ingramcontent.com/pod-product-compliance
Ingram Content Group UK Ltd.
Pitfield, Milton Keynes, MK11 3LW, UK
UKHW020344180726
13839UKWH00002B/904